Die Seligpreisungen der Bergpredigt

August Everding

Die Seligpreisungen der Bergpredigt

Mit Fotografien
von Daniel Biskup

Pattloch

Die Deutsche Bibliothek – CIP-Einheitsaufnahme

Everding, August:
Die Seligpreisungen der Bergpredigt / August Everding
Mit Fotogr. von Daniel Biskup.
- Augsburg : Pattloch, 1997
ISBN 3-629-00119-X

Es ist nicht gestattet, Abbildungen dieses Buches zu scannen, in PCs oder auf CDs zu speichern oder in PCs/Computern zu verändern oder einzeln oder zusammen mit anderen Bildvorlagen zu manipulieren, es sei denn mit schriftlicher Genehmigung des Verlages.

Gedruckt auf chlorfrei gebleichtem Papier.

Pattloch Verlag, Augsburg
© 1997 Weltbild Verlag GmbH

Umschlaggestaltung: Daniela Meyer,
unter Verwendung eines Fotos von Daniel Biskup
Herausgeber: Jürgen Haase, Bernhard Wiedemann
Redaktion: Cordula Spangenberg
Gesamtgestaltung: Daniela Meyer, Pattloch Verlag, Augsburg
Reproduktion: GAV Prepress, Gerstetten
Druck und Bindung: Neue Stalling, Oldenburg
Printed in Germany

ISBN 3-629-00119-X

Inhalt

Vorwort 6

Selig, die arm sind vor Gott;
    denn ihnen gehört das Himmelreich. 10

Selig die Trauernden;
    denn sie werden getröstet werden. 16

Selig, die keine Gewalt anwenden;
    denn sie werden das Land erben. 22

Selig, die hungern und dürsten nach der Gerechtigkeit;
    denn sie werden satt werden. 28

Selig die Barmherzigen;
    denn sie werden Erbarmen finden. 34

Selig, die ein reines Herz haben;
    denn sie werden Gott schauen. 40

Selig, die Frieden stiften;
    denn sie werden Söhne Gottes genannt werden. 46

Selig, die um der Gerechtigkeit willen verfolgt werden;
    denn ihnen gehört das Himmelreich. 52

Die Vorgabe Jesu
von Eugen Biser 58

Vorwort

Es mag die Frage aufkommen, warum denn einer, der sich mit Leib und Seele der Bühne und dem Theater verschrieben hat, auf den Gedanken kommt, sich im Medium Fernsehen und im Medium Buch mit den Seligpreisungen der Bergpredigt auseinanderzusetzen. Liegen da nicht Welten zwischen „Zauberflöte" und Matthäusevangelium, zwischen den magischen Künsten der Gaukler und Spielleute und dem ethischen Ernst prophetischer Jesusworte, kurz: zwischen Kultur und Religion?

Die in solchen Schubladen denken, schaden – ob sie es wissen oder nicht – beiden Seiten. Sie weisen dem Theater den Rang gehobenen Entertainments zu – das Theater soll der Gesellschaft gefälligst den Hanswurst machen! – und sie lassen die großen, wahrhaft transformatorischen Texte unserer religiösen abendländischen Kultur nicht auf die Bühne der Welt. Das Theater hinter die Rampe – die Bergpredigt in die Sakristei!

Ich nehme mir die Freiheit, solche kurzsichtigen Rollenzuweisungen für meine Person außer Kraft zu setzen. Ich glaube daran – und ich habe immer daran geglaubt -, daß das Theater eine „moralische Anstalt" (freilich keine moralinische) ist, daß man gebessert, geläutert, vertieft, bereichert aus der Aufführung einer Oper, eines Theaterstückes herausgehen kann. Zur Belustigung der Saturierten stehe ich nicht zur Verfügung. Ich glaube daran, daß die großen Texte – seien sie von Shakespeare oder Kleist -, daß die großen Musiken – seien sie von Bach oder Mozart – den Menschen verändern können. Ich glaube – man sehe mir meine altmodischen Ansichten nach – an die humanisierende Kraft des Wortes. Vor und hinter allen großen Hervorbringungen des Geistes im Abendland steht wie ein Monolith die Bibel. Ich lese sie und plädiere dafür, sie zu lesen. Sie ist unerschöpfliche Inspiration. Sie hat Kraft. Sie setzt neue Anfänge. In dem Wort Kultur steckt das Wort „Kult", und das ist zweckfreies, sinnvolles Tun. Das ist auch Liturgie, das sind Riten und Feste. Und das Wort „Ur" – das verrät, daß die Kult-ur immer urbar machen muß: terra incognita erforschen, immer Neues wagen, um Bewährtes bewahren zu können!

Die Bühne ist doch kein Narkotikum, keine Fluchtstätte aus einer Welt, in der man mit harten Bandagen über Steuern, Arbeitslosigkeit und Rentenfinanzierung, über Klimakatastrophe und Verelendung streitet. Die Bühne ist die Welt und die Welt ist eine Bühne. Eine Bühne auf der unsere postchristliche Gesellschaft gerade ein Stück namens Überlebenskampf aufführt. Als Mensch in dieser Welt, als Bürger dieses Staates, als Christ zudem, stehe ich in diesem Stück, fühle mit, leide mit, mache mir meine Gedanken. Als solcher nehme ich mir die Freiheit zu produktiven Grenzüberschreitungen. Ich spüre in mir den Wunsch, mitzuteilen, woraus ich lebe, woran ich glaube, warum ich für unsere gemarterte Erde und vor allem für unsere Kinder – trotz aller Schrecknisse, in deren Angesicht wir leben müssen – eine Zukunft sehe. Keine leichte Aufgabe! Die Defätisten, Apokalyptiker und Chaostheoretiker haben Oberwasser und kochen ihr Süppchen auf dem Niedergang der gesellschaftlichen Verhältnisse. Leute, die noch an etwas glauben, laufen Gefahr, sich zum Gespött zu machen. Ich nehme das in Kauf und werbe hier schlicht und einfach für einen Text, den ich für einen Urtext der Menschheit halte, den ich Ihnen, lieber Leser, ganz nahelegen möchte: die Seligpreisungen der Bergpredigt.

Ich befasse mich mit den Seligpreisungen nicht darum, weil es eine liebenswerte und sehr persönliche Reminiszenz an meine Zeit als „Theologe" wäre. Ich habe existentielle Gründe dafür. Ich habe Angst, daß der Gesellschaft die geistige Grundlage abhanden kommt. Roman Herzog hat es im Frühjahr diesen Jahres so gesagt: „In einer Demokratie wird niemand vorgeschrieben, was er glauben soll, und an welche moralischen Werte er sich halten soll. Das ist das eine. Aber ein demokratischer Rechtsstaat kommt ohne einen gemeinsamen Schatz von Grundüberzeugungen und Grundwerten nicht aus." Ich will nicht, daß die Bergpredigt von Politikern aller Couleur als ethischer Grundbestand gelobt und in Parteiprogrammen verewigt wird. Ich wünsche mir, daß sie der Humus unserer gesellschaftlichen Humanität ist.

Ich ersehne – ein starkes Wort, aber ich sage es – ich ersehne eine wertorientierte Gesellschaft. Das historisch einmalige Experiment „wertfreier Erziehung" haben wir hinter uns, wir wissen jetzt wahrhaftig, wie „Anything goes" geht, und daß es machbar ist, Dolly zu klonen. Jetzt ist es wieder an der Zeit, die Quellen und Gründe eines Handelns aufzusuchen, in dem auch die Armen, die Hungrigen, die Einfältigen und die Opfer ihren Ort haben.

Noch einmal Roman Herzog, dessen Reden und Ansprachen ich mit immer größerem Interesse zuhöre: „Es mag ja sein, daß die Gemeinsamkeiten aus Naturwissenschaft, Technik und globaler Information, aus weltweiter Verflechtung und sogar aus neu entstehenden Sicherheitsstrukturen uns davor bewahren, daß jene leichtfertigen Prophezeiungen sich erfüllen, die heute schon einen ›clash of civilizations‹ voraussagen, einen globalen Kulturkampf. Aber ein friedliches, menschenwürdiges Miteinander verlangt mehr.

Es verlangt erstens ein leidenschaftliches Bemühen darum, daß die Grenzen zwischen den Kulturen nicht auf Dauer zugleich Grenzen zwischen Armut und Reichtum bleiben oder werden: Deshalb plädiere ich, wo immer es geht, für freie Märkte, für wirtschaftliche Zusammenarbeit und – im Interesse der Ärmsten – für Entwicklungshilfe. Und es verlangt zweitens das nicht erlahmende Bemühen, Gemeinsamkeiten, die vorhanden, aber verschüttet sind, ans Tageslicht zu fördern und zu stärken, und für Ideen, die nach aller Erfahrung Frieden stiften, zu werben und – wo nötig – auch zu kämpfen."

… für Ideen, die nach aller Erfahrung Frieden stiften, zu werben und – wo nötig – auch zu kämpfen. Das ist es! Deshalb müssen wir die Bergpredigt lesen. Deshalb müssen wir die Seligpreisungen diskutieren, sie meditieren, sie uns neu aneignen, sie ins politische Kalkül ziehen, sie unseren Kindern sagen und unseren Jugendlichen ans Herz legen.

Wie erging es mir? Bevor mich ein erster dramatischer Text, ein erster epischer Weltentwurf, ein erstes Gedicht erreichte, erreichte mich die Bibel, gab mir Richtung, auch Sprache: „Selig, die arm sind vor Gott; denn ihnen gehört das Himmelreich. / Selig die Trauernden; denn sie werden getröstet werden. / Selig, die keine Gewalt anwenden …" Worte, die man nicht erfinden kann. Gegen alle Karrierelogik, Erfolgslogik, Wirtschaftslogik, Herrschaftslogik, Genußlogik. Verrückte Worte! Wie ja auch die Liebe verrückt ist, und wie allein schon der Versuch verrückt ist, ein wenig gerecht zu sein, die kleinen Schummeleien, den alltäglichen Betrug nicht mitzumachen.

Ich danke an dieser Stelle allen Menschen, mit denen ich mich in den acht Fernsehsendungen zu den Seligpreisungen unterhalten durfte. Sie haben mich beschenkt, mit gelebtem Leben, mit Wirklichkeit; sie haben mir den Sinn geöffnet für die Weisheit der Worte Jesu. Ich danke Professor Jürgen Haase, dem weitsichtigen, mutigen Produzenten, und dem Redakteur Bernhard Wiedemann, dem Initiator der Fernsehreihe. Jürgen Haase war es, der mich zu diesem Buch inspirierte! Und ich danke Professor Eugen Biser, dem großen alten Mann der Theologie in Deutschland, daß er zu diesem Buch einen so wertvollen und kundigen Beitrag beisteuerte.

August Everding

Selig,
**die arm sind vor Gott;
denn ihnen gehört
das Himmelreich.**

Für die einen sind die Seligpreisungen ein Ärgernis, für die anderen eine Dummheit, und ich muß gestehen, manchmal ärgern sie mich auch. Arm sein, traurig, verfolgt, hungernd nach Recht: Auf den ersten Blick scheint es, als müsse der Mensch erst ganz klein und unglücklich werden, ehe er sich freuen darf nach Maßgabe der Seligpreisungen. Aber auch so lauten die Seligpreisungen: Sanft und barmherzig mit dem Elend der Welt umgehen, Frieden stiften, rechtschaffen handeln – ein hoher Anspruch. Wer möchte behaupten, daß er ihn bei all seinem täglichen Ärger verwirklicht? Die Werte, die viele von uns erstrebenswert finden, kommen dagegen in den Seligpreisungen nicht vor. Freunde, Familie, ein anerkannter Beruf, ein Zuhause: Ist ein nach bürgerlichen Maßstäben gelungenes Leben vor Gott etwa nichts wert?

„Selig, die arm sind vor Gott" heißt es in der Einheitsübersetzung der Bibel. Diese Fassung des Textes erleichtert zwar das Verständnis, doch sie reduziert die erste Seligpreisung auf nur einen Aspekt. Der griechische Originaltext lautet wörtlich „Selig die Armen im Geiste". Sollen sich die freuen, die sich einschränken müssen? Oder die, die freiwillig mit weniger auskommen? Das ist hier nicht gesagt. Die Seligpreisung richtet sich nicht an die Armen, denen Materielles fehlt, sondern an die im Geist Armen.

Selig die Armen im Geiste! Sollen die Einfältigen sich freuen und mit ihnen die Denkfaulen? Sind wirklich glücklich nur die, welche nie die Chance hatten, etwas aus sich zu machen – oder sie nicht genutzt haben? Dann wären die Seligpreisungen ein Skandal gegen die Vernunft. Denn was ist mit denen, die von der Natur geistreicher ausgestattet wurden? Was mit denen, die hart und nützlich arbeiten und ein gerechtes Gehalt dafür beziehen? Sind die von allen guten Geistern verlassen? Es kann nicht angehen, daß einer kleingeistig und engstirnig seine Talente verkümmern lassen soll, um arm an Nutzen für seine Umwelt zu werden. Nein, mein Verstand sträubt sich dagegen, Armut im Geiste gleichzusetzen mit Antriebsarmut und Leistungsschwäche. Es muß nicht jeder einen Nobelpreis erringen. Aber sollen jene, welche die Gesellschaft voranbringen, dafür bestraft werden?

Meine Zweifel an einer Seligpreisung von Armen, deren Geist stets verneint, habe ich dem Ehepaar Reinhard und Renate Höppner vorgetragen. Renate Höppner, Pfarrerin, will Wegbegleiterin über schwierige Wegstrecken des Lebens sein. Für Reinhard Höppner, Ministerpräsident von Sachsen-Anhalt, sind die Bergpredigt und die Seligpreisungen eine Maßgabe nicht nur für das private, sondern auch für das politische Handeln.

Wir haben über das Beispiel eines Mannes gesprochen, der alles hat, was man in Westeuropa als Grundlage eines gutsituierten Lebens ansieht. Mit seinem angesehenen Job glaubt er, seiner Frau ein luxuriöses Leben bieten zu können. Doch die ahnt, daß in seinem Luftschloß aus Reichtum und Prestige zähneklappernde Unsicherheit herrscht. Er stammt aus „kleinen Verhältnissen" und hat als Kind am eigenen Leib erfahren, daß man Kriegsflüchtlingen die Würde aberkennt. Seine Angst, in diese Abgründe der Entwürdigung der Habenichtse zurückzustürzen, läßt ihn zu einem ganz kleinen Menschen schrumpfen, der sich um Kopf und Kragen arbeitet.

Daß unser Mann mit seinem Nimbus des Wohlstands in seiner Selbstachtung arm und bedürftig ist, liegt auf der Hand. Dieser Typ des armen Schluckers, der äußeren Reichtum und eine gute Versicherung braucht, um sich selbst wertvoll und akzeptabel zu finden, begegnet Renate Höppner im reichen Deutschland viel öfter als der materiell Arme. „Selig die Armen im Geiste; denn ihnen gehört das Himmelreich." Wird einem das Himmelreich versprochen, weil man in einem bedauernswerten Zustand ist, auch wenn man sich dessen überhaupt nicht bewußt ist? Reinhard Höppner ist überzeugt, daß der Arme, der hier seliggepriesen wird, seine Situation erkannt hat. Dieser Arme vertuscht nicht den Widerspruch zwischen seiner Welt, wie sie ist, und wie sie sein sollte, sondern gesteht sich ein: auch wenn mein Geist willig ist, ich bin trotzdem schwach, ich komme mit vielem nicht zurecht.

Damit ist klar, daß die Geistesschwachen, deren Instrumentarium nicht zu unseren Normen paßt, mit unserer Seligpreisung nicht gemeint sein können. Für sie gelten ganz andere

Kriterien. Auch sozial schwach zu sein, garantiert noch keinen Platz im Himmel, wenn die materielle Armut mit einem Haben- und Raffenwollen einhergeht.

Wie man seine Fähigkeiten und Schwächen einschätzt, hängt nicht ab von Scharfsinn oder Verwirrtheit, von Wohlstand oder Mangel. Doch ein fades Gefühl bleibt mir angesichts der Probleme des „armen" Wohlstandsbürgers, den wir als Beispiel gewählt haben. Die Sorgen um unsere innere Befindlichkeit, verheimlichte Schwäche, um unser schlechtes Gewissen und mangelndes Selbstvertrauen: Verblaßt unsere Armut nicht bis zur Konturlosigkeit, wenn wir an Hutu-Flüchtlinge zwischen allen Grenzen denken, an verstoßene, obdachlose Ehefrauen in Algerien, an Brasiliens Straßenkinder, an Familien, die sich auf indischen Müllkippen durch-

schlagen? Beschäftigen wir uns nicht überwiegend mit hausgemachten Wohlstandsproblemen, während es auf anderen Kontinenten brennt?

Das Evangelium steht immer auf seiten des schreienden Elends in der Welt, da gibt es nichts zu deuten. Doch ich glaube, die Frage „Was ist schlimmer?" allein hilft uns nicht weiter, wenn wir diese Aussage „Selig die Armen im Geiste" verstehen wollen. Anerkennt man mangelnden Besitzstand als einzig mögliche Form der Armut, so müßte man sich den Vorwurf gefallen lassen, ein materialistisches Weltverständnis zu haben. Gott hat den Menschen nicht nur als seelenlosen Körper geschaffen. Der Blick über Kontinente kann uns zweifellos helfen, unsere verrückten Maßstäbe zu korrigieren. Doch die Bergpredigt ist kein Programmführer für Fernsehzuschauer. Die Fähigkeit zum Mitleiden übt sich im Alltag, und unser Alltag findet nicht in Ruanda oder Indien statt.

Gott sei Dank, sagt Renate Höppner, sei es nicht an uns zu richten, wer der Armutsforderung des Evangeliums entspreche und wer nicht. Der Maßstab für Menschenwürde bemesse sich auch nicht nach dem, was uns andere Menschen zubilligten. Aber wir dürfen vermuten, daß die Armen möglicherweise bessere Chancen haben, das Wesentliche wahrzunehmen. Der Hungrige weiß, was ein Stück Brot wert ist. Der Einsame weiß das Lächeln eines Freundes zu schätzen.

Wenn tatsächlich gutsituierte wie mittellose Arme im Geiste ihre Schwächen nicht mehr vor sich selbst und anderen vertuschen müßten, wie veränderte sich dann unser Zusammenleben? Vom „Himmelreich" spricht die Seligpreisung. Aber das Himmelreich auf Erden schaffen zu können, dieser Illusion sei bereits der Sozialismus aufgesessen, warnt Reinhard Höppner, und die Gründe für seinen Niedergang werden auch für unsere Seligpreisung gelten: Die Menschen sind nicht perfekt, und sie lassen sich nicht umerziehen. Allerdings wäre die Seligpreisung der Armen auch falsch verstanden, wollte man deshalb die Hände in den Schoß legen, weil die perfekte Gesellschaft ohnehin nicht zu gestalten ist, und die Benachteiligten auf das Jenseits vertrösten. Die Seligpreisung der Armen will Mut machen, geistesgegenwärtig die Dinge anzupacken, denen die Kräfte gewachsen sind. Und sie tröstet den, der mehr will, als seine schwache Kraft zuläßt.

„Wir haben kein Programm, die drastische Arbeitslosigkeit in den nächsten Jahren zu beseitigen. Die Seligpreisung der Armen provoziert uns hier, nachzufragen, wie man trotz dieser bedrückenden Probleme ein glückliches Leben führen kann."
Reinhard Höppner, Ministerpräsident von Sachsen-Anhalt

Selig
     die Trauernden;
denn sie werden
getröstet werden.

Wer hat die Autorität, wahrhaftig über die Trauer zu sprechen, ohne sich in Platitüden zu erschöpfen? Welche Worte können Trauer ausdrücken, welche Sätze vermögen wirklich Trost zu spenden? Angesichts der guten Gründe, wegen derer man klagen, weinen, wütend nach Schuld und Sühne fragen kann, fällt denen, die trösten sollten, außer Beschwichtigungsformeln wenig ein. Auf der Suche nach echtem Trost ist der Tröstende oft ebenso hilflos wie der Trauernde. Denn Trauer kann gegen unseren Willen unser Inneres nach außen kehren. Wie peinlich vor all den Leuten! Deshalb ist es vielen leichter, „von Beileidsbekundungen am Grabe Abstand zu nehmen". Noch erträglicher mag es sein, hat die Beerdigung „in aller Stille stattgefunden".

Trauer fordert Verzicht: Verzicht auf lärmenden Frohsinn, welcher der Trauer wehtut, Verzicht auch auf geistige Zerstreuung, welche die Bewältigungskräfte lähmt. Im Gegensatz zu den Gesellschaften, die schwarz tragende Trauer durch Gruppendruck erzwangen, nötigt heute niemand dazu, sich solchem Verzicht zu beugen. Wer sich nicht traut zu trauern, der braucht sich nur in den Zug der Zeitgenossen einzugliedern, die auf der Rennstrecke des modernen Lebens Tempo machen. Vielleicht gelingt es so, der Trauer davonzuspurten. Die Verkehrsregeln heißen „Keep smiling" und „Positiv thinking" und werden von den anderen Überstürzern streng eingehalten.

Ein Fünkchen Gutes in der Trauer zu finden, das stellt alle unsere Erfahrungen auf den Kopf. Was aber heißt „Selig die Trauernden", und mit welcher Autorität kann einer versichern: „Sie werden getröstet werden"?

Es gibt Situationen, in denen der Trauernde dem Spötter gegenüber im Vorteil sein mag. Vielleicht ist es wenigstens anständiger (wenn auch beileibe nicht leichter), in Bosnien zu den Frauen zu gehören, die nach einer Vergewaltigung leiden und trauern, als unter den Tätern zu sein, die in ihrem schmutzigen Triumph nicht einmal spüren, was sie angerichtet haben. Sicher ist es besser, sich seine Sensibilität für die Erfordernisse einer funktionierenden Natur zu erhalten und unter ihrer Zerstörung zu leiden, als aus Bequemlichkeits- oder Kostengründen über Leichen zu gehen. Allemal ist es temperamentvoller, schmerzliche Leidenschaft für das Lebendige zu empfinden, als jede Trauer, wie das Leiden sie schafft, emotionslos auf Distanz zu halten. Wer nicht trauern kann, kann auch nicht träumen und Bedürfnisse haben.

Die Trauerbewältigung werden wir freilich kaum selbst beschleunigen können, mag die Moral für oder gegen uns sprechen. Denn die Widerwärtigkeiten unserer Gesellschaft lassen sich mit unserer schwachen Energie schwerlich beeinflussen. Unser eigenes ständiges Fehlverhalten ist rein aus Willenskräften selten zu verbessern. Krankheit und Tod überfallen unser Leben gegen unseren Plan und Willen.

Wie nun mit der Trauer umgehen? Woher kommt Trost? Ich habe mit jungen Leuten gesprochen, die gegen ihren Willen zu Wissenden in Sachen Trauer geworden sind. Sie alle stammen aus Sarajevo. Eine Granate hat Admir beide Beine genommen, dreimal war er klinisch tot. Maja hat mit zwölf Jahren ihr Auge verloren. Azra und Sascha, selbst einsame Trostspender, haben ihre verletzten Geschwister nach Deutschland begleitet. Weil sie nach drei Trauerjahren endlich wieder Licht am Ende des Tunnels sehen, konnten die vier mit mir über ihre Trauer sprechen.

Drei Monate, sagt Sascha, habe sie nachts Alpträume gehabt, weil sie tagsüber ihre Trauer nicht zulassen, ihr Leben einfach weiterleben wollte. Schließlich wurde ihr klar: „Du mußt deinem Schmerz ins Gesicht sehen." Wer nicht klagt, kann nicht getröstet werden. Sascha hat erlebt, daß verdrängte Trauer zermürbt, statt sich davonzustehlen.

Maja dagegen hat sich im deutschen Krankenhaus und im Jahr danach so vergraben in die Trauer um ihr verlorenes Auge und um die Trennung von der Mutter, daß sie weder die deutsche Sprache lernen noch Anschluß an neue Freunde finden wollte. Sie mußte erst lernen, die Trauer als etwas eigentlich Unerträgliches zu dulden und damit den Wendepunkt in ihrem Leben zu akzeptieren – ins Erwachsenenleben gezerrt zu werden. Heute sagt sie: „Dort, wo ich in Sarajevo mein Auge gelassen habe, werde ich mir ein Haus bauen." Sie scheut nicht mehr davor zurück, dauerhaft mit ihrem verpufften Traum vom unbeschwerten Leben konfrontiert zu werden.

Admir trauerte noch länger als sein schwerverwundeter Körper zum Heilen brauchte. Aus eigenen Kräften gelang es dem beinamputierten jungen Mann kaum, sich in der Phase tiefster Verzweiflung wieder aufzurichten. Denn Trost kann man sich nicht selbst gezielt ver-

Admir: „Vor drei Jahren habe ich die Beine verloren. Körperlich habe ich das überstanden, aber in der Nacht, da kommen die Gedanken. Psychisch habe ich immer noch Probleme."

Maja: „Die Kinder der Familie, in der ich jetzt lebe, haben mir immer Kraft gegeben. Wenn ich traurig bin, dann verstehen sie mich zwar nicht, aber ich kann mich selber ihnen gegenüber aufbrechen, und dann fühle ich mich besser."

Sascha: „Als Maja verletzt war, da konnte ich zwei, drei Tage nicht mehr leben. Schließlich habe ich mich an den Tisch gesetzt und versucht, das in einem Gedicht zu beschreiben, einfach so vom Herzen herunter, um mich da irgendwie herauszukämpfen. Maja hat es später vorgelesen, und alle haben geweint. In dem Moment war das ein Trost für mich."

Azra: „Lachen gehört zum Leben, und wir lachen sehr viel. Aber ich kann nie wieder so lachen wie zuvor. Inzwischen kann ich ein Sprichwort unseres Volkes gut verstehen: Wer viel lacht, weint im Herzen."

schaffen, er kommt einem von außen zu. Ohne seine Schwester Azra, da ist sich der Gymnasiast sicher, wäre er mit seinen Gefühlen überhaupt nicht fertig geworden.

„Mein Gott, er wird auf meiner Hochzeit nicht tanzen können!" war Azras erste Reaktion in den Minuten, als ihr Bruder verletzt wurde. Sie war sich ganz klar darüber, welche Verantwortung sie nun für ihn trug. „Wenn ein Mensch dich so sehr braucht", sagt sie, „dann bist du selbst in diesem Moment nicht mehr wichtig." Bemißt sich am Mitleid, das jemand aufzubringen in der Lage ist, vielleicht sogar der Grad seiner menschlichen Reife? Dabei hatte Azra selbst mit widerstreitenden Gefühlen zu kämpfen. Sie wollte eigentlich in Sarajevo bleiben, um zu demonstrieren, daß man die Menschen nicht einfach fortjagen könne. In Deutschland dagegen fühlte sie sich „wie das Streichholzmädchen mit seinem kleinen Koffer, von irgendwoher gekommen, nichts verstehend und unverstanden. Und in diesem Moment dachte ich: Mein Gott, nur du bist geblieben. Dieser Glaube hat mir sehr geholfen, daß da etwas über mir steht."

Trauer kann zurückwerfen auf den Glauben an Gott, auch wenn er schon fast vergessen war. Das wußten auch die Menschen im Israel des ersten Jahrhunderts, die sich die Geschichten über Jesus – und mit ihnen die Seligpreisung der Trauernden –

gegenseitig erzählten. Die Passivformulierung „Sie werden getröstet werden" klang in ihren Ohren wie ein Trost, der von Gott erwartet wird, denn sein Name sollte nicht durch zu häufige Nennung unbedacht zerredet werden.

Heißt das, daß die Seligpreisung der Trauernden nur für den gilt, der dran glaubt? Das meine ich nicht. Admir und Azra, Maja und Sascha haben uns gezeigt, daß man erst Trost findet, wenn man sich zu trauern traut. Und beidem will dieser zunächst so hart klingende Satz aus der Bergpredigt Raum schaffen: erst der Klage, dann dem Trost. Der Glaubende kann sich darüber hinaus daran freuen, auf welch unerwarteten Wegen Gott seinen Trost zukommen läßt.

„Ich habe im Krieg gelernt, mein Leben zu schätzen, nicht meinen Lebensstandard", sagt Sascha. „Ich habe gelernt, daß der eigentliche Schatz im Leben die Begegnung zwischen Menschen ist", sagt Azra. Gemessen an dem, was vorher wichtig war, werden die Maßstäbe für die Bewertung der Welt geerdet. Wo kämen wir hin, wenn wir nicht hin und wieder zwar schmerzhaft, aber unmißverständlich an die Kostbarkeit alles Lebendigen erinnert würden? Oder mit den Worten Erich Frieds gesprochen: „Wer will, daß die Welt so bleibt, wie sie ist, will nicht, daß sie bleibt."

Selig, **die keine Gewalt anwenden; denn sie werden das Land erben.**

Im Gegensatz zu den Armen und Trauernden, deren Seligkeit zunächst nicht recht plausibel sein mag, nennt die Preisung der Sanftmütigen ein Verhalten, das auf den ersten Blick sozialverträglich erscheint. Geduldige Menschen, wenig reizbar, freundlich – wenn auch nicht unkritisch – zu jedermann, ohne Anspruch auf Macht, Terror verabscheuend: ein sicheres Fundament für eine menschliche Gesellschaft! Das weiche Wort „Sanftmut" klingt unseren Ohren vielleicht etwas altertümlich. Martin Luther setzte es in seiner Bibelübersetzung an diese Stelle und meinte das, was wir heute Gewaltlosigkeit nennen. „Selig, die keine Gewalt anwenden" heißt es entsprechend in modernen Übersetzungen.

Große Teile der deutschen Gesellschaft halten sich für gewaltlos. Wir sind schließlich zivilisierte Menschen, die sich weder mit dem Wagen rammen, wenn ihnen etwas nicht paßt, noch mit dem Schuh auf den Tisch klopfen, um sich Gehör zu verschaffen. So weit die Prinzipien. Doch sehen wir uns die Realität an:

Auf der Überholspur der Autobahn fahren Sie Kolonne, da kommt ein Flitzer von rechts hinten und springt, schneller und gefährlicher als alle anderen, von Lücke zu Lücke. Fühlen Sie sich bedroht? Brüllen Sie hinter Ihrer Windschutzscheibe?

Nach einem Arbeitstag voller Kopfweh und Mißerfolge sehnen Sie sich am Abendbrottisch nur nach Ruhe und etwas Leichtem im Fernsehen, da fangen Ihre Kinder an, mit „Ich will aber" Ihre Nerven auszureizen. Verteidigen Sie Ihr Recht auf Feierabend? Geben Sie den Kindern nach?

Auf einer Party fühlen Sie als Frau sich belästigt und beleidigt von den zotig-geschmacklosen Witzen eines selbstgefälligen Zeitgenossen. Machen Sie den Witzbold lächerlich? Werden Sie ausfallend? Schweigen Sie?

Unser Geduldsfaden wird oft genug auf die Probe gespannt. Wem kann man vorwerfen, wenn er aufbraust, seine Sicherheit und sein Recht fordert, seine Privatsphäre schützen will? Aber würde sich so der Gewaltlose, der Sanftmütige verhalten? Er darf nicht zurückschlagen, auch wenn er provoziert wird. Doch muß er deshalb lieb, lahm und ohne Biß ertragen, was ihm andere zumuten? Muß er seinen Ärger herunterschlucken bis zum Magengeschwür?

Die Unartigkeiten des Alltags lassen sich zwar auch erträglicher gestalten, wenn man die Seligpreisungen berücksichtigt. Aber was wirklich in diesen Sätzen steckt, zeigt sich, wenn Meinung gegen Meinung steht. Für einen dieser Grenzfälle halte ich den Umweltschutz. Von Mensch zu Mensch kann man schon mal nachgeben, Nachteile erdulden um des lieben Friedens willen. Der liebe Friede ist allerdings keine Handlungsmaxime, wenn der Natur Brachialgewalt droht. Gerade der Sanftmütige soll hier um der guten Sache willen entschieden und beharrlich durchgreifen. Denn Sanftmut ist nicht gleichbedeutend mit Ohnmacht.

Die Ressourcen der Erde wollen sanft genutzt werden. Beuten wir sie aus, entziehen wir uns selbst den Boden unter den Füßen. Vor dem Ziel, die Lebensgrundlage zu erhalten, wird ein Großteil unserer gesellschaftlichen Normen auf den zweiten Rang verwiesen. Sind moralisch einwandfreie Umgangsformen in diesem Fall ebenfalls nachrangig? Sicher ist es nicht unwesentlich, mit welchen Mitteln man seine Ziele durchzusetzen versucht. Doch wenn Sanftmut als Strategie gegen Betonköpfe versagt, muß man dann nicht notfalls mit Gewalt die menschliche Lebensbasis verteidigen?

Ich habe meine Fragen zwei jungen Männern gestellt, deren Umwelteinsatz sich nicht, wie so oft, bereits im Mülltrennen erschöpft: Thomas Eisenhuth von „Greenpeace" und Roland Quester vom Verein „Ökolöwe" Leipzig. Die Aktionen der Umweltorganisationen bewegen sich oft am Rande der Legalität, wenn Fabriktürme besetzt, Einstiege zugemauert werden, oder wenn ein Kahn einem Ozeanriesen die Fahrt abschneidet. Das „Greenpeace"-Prinzip der Gewaltlosigkeit, meint Thomas Eisenhuth, werde aber nicht verletzt, wenn Gesetze zugunsten des Umweltschutzes gebrochen werden, so lange nicht Gewalt gegen Personen oder Sachen angewandt werde.

Die Gesellschaft jedenfalls gibt sich recht tolerant gegenüber illegalem Umwelteinsatz. Ähnlich verständnisvoll auf Rechtsübertretungen reagiert die Öffentlichkeit, wenn die Eltern eines mißbrauchten Kindes Selbstjustiz üben. Wir können kaum beurteilen, ob diese Widerständler zu modernen Helden hochstilisiert werden, oder ob den eifrigen Befürwortern solcher Übergriffe das eigene Gewissen schlägt, weil sie möglicherweise selbst nicht genug getan haben zum Schutz des Schwachen. Die „gute Sache" jedenfalls scheint in der öffentlichen Meinung schwerer zu wiegen als die Art und Weise, sie zu verteidigen.

Roland Quester vom „Ökolöwen" sieht dagegen einen unüberbrückbaren Widerspruch zwischen einem Gewaltstreich und dem Schutz des Schwachen. Nur diejenigen, die sanftmütig mit ihren Mitmenschen und mit der Natur umgingen, und welche die Grenzen des Machbaren akzeptierten, die könnten die Natur bewahren. „Mein Lebensstil muß nicht für alle gelten", schränkt Roland Quester ein, „aber er darf anderen nicht das Lebensrecht beschneiden." Ich schließe mich seinem Urteil an: Niemand errichtet mit Gewalt ein Reich der Liebe.

Eine Erfolgsgarantie gibt es freilich nicht, wenn man Sanftmut für die bessere Strategie hält. Den Verkehrs-Rowdy auf der Autobahn werden Sie kaum anhalten und zur Rede stellen können. Sie können Ihren Kindern vielleicht erklären, daß Sie Kopfschmerzen und ein starkes Ruhebedürfnis haben, aber Kinder haben ihr Temperament noch nicht so im Griff wie Erwachsene. Sie können den geschmacklosen Witzbold beiseite nehmen und sich beschweren, denn wenn Sie ihn öffentlich lächerlich machen, kopieren Sie doch nur sein Verhalten. Der Sanftmütige kann ruhigen Gewissens auf seinem Recht bestehen. Aber der Ton macht die Musik.

„Ziviler Ungehorsam als sanftmütige Form der Auseinandersetzung hat eine lange Tradition. Mahatma Gandhis gewaltfreier Widerstand wird heute in Europa hochgeschätzt. Doch wenn die gleiche Form des Widerstands heute bei uns geleistet wird, nennen manche Zeitgenossen das Gewalt."

*Roland Quester,
Umweltorganisation „Ökolöwe" Leipzig*

Ich verstehe unser Bibelwort auch so, daß nicht nur die Demütigen gemeint sind, sondern auch die Gedemütigten, denen Mut gegeben werden soll, etwas zu ändern in dieser Welt. Ihnen wird versprochen: „Sie werden das Land erben." Jesus, der Jude, dachte bei diesem Versprechen sicherlich an das Schicksal seines Volkes 1300 Jahre vor seiner Zeit; ein Schicksal, das in unserem Jahrhundert die landlosen Bauern Lateinamerikas teilen. Damals mußte das versklavte Volk Israel in die Taschen des Grundbesitzers Ägypten wirtschaften, bis ihm in Aussicht gestellt wurde, eigenes Land – nämlich Palästina – zu erhalten und mit ihm Heimat und eine sichere Lebensgrundlage für den Broterwerb. Ein Versprechen, das für die Landlosen unserer Tage nicht eingelöst wird, so lange wir unsere Rohstoffe auf ihrem Acker anbauen und verarbeiten lassen.

„Das Land erben" bedeutet nicht „das Land an sich reißen" und ebenso nicht, das Land übereignet zu bekommen für eine Ausbeutung nach eigenem Gutdünken. Der Satz „Macht euch die Erde untertan" aus der alttestamentlichen Schöpfungsgeschichte ist über Jahrtausende falsch verstanden und benutzt worden, um die Unterwerfung alles Geschaffenen zu rechtfertigen. Jedoch stammt das hebräische Wort für „untertan machen" nicht aus dem Sprachschatz der Könige und Herrscher, sondern aus dem Hirten-Vokabular. Entsprechend bedeutet es nicht Raffen und Besitzen, nicht gewaltsame Unterwerfung, sondern Hege und Pflege.

Den Sanftmütigen das Land, damit sie Wirtschaft und Natur gerecht gewichten, weil – wofür Bertolt Brecht plädierte – „gehören soll, was da ist, denen, die für es gut sind".

„Die Schöpfung ist etwas Vollendetes, was wir nicht noch verbessern müssen. Wir müssen begreifen, daß wir Industrie und Natur sehr gut zusammenführen können durch ökologisches Wirtschaften und eine saubere Produktion. Wir haben die Möglichkeiten dazu." *Thomas Eisenhuth, Greenpeace*

Selig,
die hungern und dürsten nach der Gerechtigkeit; denn sie werden satt werden.

Gerechtigkeit, welch großes Thema! Um ihm gerecht zu werden, müßten wir die Frage „Was ist Gerechtigkeit?" Philosophen und Theologen von der Antike bis in die Gegenwart stellen. Das würde uns an dieser Stelle zu weit führen, lautet doch unsere Frage, ob die Seligpreisungen uns auch heute noch etwas zu sagen haben.

Trotzdem sei eins vorweggeschickt: Das Verlangen nach Gerechtigkeit, wie es die Seligpreisung schildert, hat nichts damit zu tun, ergeben zu warten, bis Recht an einem geschehen möge. Hier wird nicht die römische Göttin Justitia angerufen, die mit verbundenen Augen, die Waagschale in der Hand, ein Urteil sprechen soll, ohne die Person zu berücksichtigen, die sie aburteilt. Das hebräische Gerechtigkeitsempfinden, in dem unsere Seligpreisung wurzelt, spricht vielmehr davon, selber Gerechtigkeit zu verwirklichen. „Selig, die es dazu treibt, anderen Recht widerfahren zu lassen, denn ihr Verlangen wird gestillt werden."

Was in Deutschland Recht und Unrecht ist, das beschreiben uns die Gesetzbücher sehr detailliert. Wenn alle sich an law and order hielten, so sollte man meinen, stünde einem verträglichen Zusammenleben der Gemeinschaft nichts im Wege. Also ist die deutsche Demokratie kein Tummelplatz für Gerechtigkeitsapostel, die Seligpreisung nichtssagend und bei uns schon lange verjährt?

Hubert Heinhold, Rechtsanwalt der Arbeitsgemeinschaft für Flüchtlinge „Pro Asyl", macht mir plausibel, daß auch in Deutschland zwei unterschiedliche Rechtsbegriffe miteinander kollidieren. Da ist die justitielle Gerechtigkeit, die der Staat vertritt, damit seine Normen eingehalten werden. An dieser Rechtsordnung reibt sich ein anderer Begriff von Gerechtigkeit: das Menschenrecht, dem die staatliche Rechtsordnung nicht in allen Einzelfällen gerecht werden kann, weil sie am Gemeinwohl orientiert ist. Glück für diesen Einzelfall ist, wenn sich eine der vielen Flüchtlingshilfegruppen seiner Menschenrechte annimmt.

Ein Beispiel für Gerechtigkeit contra Menschenrecht: Ausländer mit abgelehntem Asylantrag werden zur Vorbereitung ihrer Abschiebung in Haft genommen. Dem Ermittlungsrichter zufolge ist der Flüchtling zu Recht in Haft. Gleichzeitig aber ist er ohne berechtigten Grund in Haft, denn er hat kein Verbrechen begangen, sondern soll lediglich außer Landes gebracht werden. Rechtfertigt dies eine Gefangennahme? Rechtfertigt das, unter Haftbedingungen zu leben? Rechtfertigt das, eine unabsehbar lange Zeit mit Verbrechern zusammengesperrt zu sein? Verließe man sich nur auf die Gesetze, welche die Rechtsexperten formuliert haben, um menschliche Interessengegensätze auszugleichen, dann hätten Güte, Barmherzigkeit, Friedensdienst und das eigene Gewissen keinen Platz mehr im Zusammenleben einer selbstzufriedenen Gesellschaft.

Ich bin versucht, ein weiteres Argument zu nennen, das gelegentlich an den Stammtischen vorgebracht wird: Wir haben selbst so viele Arbeitslose, daß unser Land die Flüchtlingsströme schon lange nicht mehr verkraften kann. Das Gesetz hat dem längst einen Riegel vorgeschoben. Politische Flüchtlinge erhalten Asyl, Wirtschaftsflüchtlinge bleiben draußen vor der Tür.

Hubert Heinhold von „Pro Asyl" hält dagegen: Im Sinne der biblischen Gerechtigkeit kann diese Rechtsprechung nicht gerecht sein. Verlangt die Bibel nicht den Ausgleich, auch zwischen der Rechtsordnung der „Ersten" und dem Menschenrecht der „Dritten" Welt? Die Stimmen aus Marokko oder Vietnam strafen Recht und Ordnung in Europa Lügen. Denn gemessen an ihren Lebensumständen geht es den Deutschen blendend.

Nun sollte es nicht so aussehen, als werde der Staat in die Rolle des Scharfrichters ge-

drängt und fühle sich von umtriebigen Bürgern nur behindert in seinem Amt, Recht durchzusetzen. Immerhin läßt die Demokratie es im Gegensatz zu anderen Staatsformen zu, daß Flüchtlingshelfer in die Gefängnisse gehen und dort stören, Sand ins Getriebe werfen, mit ihrem Einsatz aber auch zu menschlicheren Lösungen beitragen. Staat und Flüchtlingshelfer arbeiten dabei mit unterschiedlichen Mitteln demselben Ziel entgegen. Ebensogut kann es aber nötig werden, daß einer Gesetze überschreitet und die Sanktionen der Justiz dafür in Kauf nimmt, um Menschenrecht und Gerechtigkeit zu verwirklichen. Das ist etwa der Fall, wenn Kirchengemeinden aus moralischen Gründen Asyl gewähren, denn „Kirchenasyl" ist keine rechtliche Kategorie, sondern kann höchstens als Gewohnheitsrecht seit dem Mittelalter geltend gemacht werden.

Viele Engagierte schrecken vor staatlichen Konsequenzen nicht zurück, um Recht zu schaffen. Und sie nehmen in Kauf, von der trägen Masse mißtrauisch beäugt zu werden, weil sie Unruhe stiften. Mit ein wenig Glück werden sie wenigstens im nachhinein anerkannt, wenn sie mit ihrem Einsatz recht behalten und damit die Geschichte vorangetrieben haben. Wenn die Seligpreisung diesen Rechtschaffenen verspricht „Ihr werdet satt werden", können sie dann zufrieden und selbstgerecht die Hände in den Schoß legen, weil sie ihren Teil des Guten erledigt haben? Ein solcher Beigeschmack der Sättigung würde mich sehr stören. Satt zu werden, das heißt hier doch wohl, zufrieden zu sein, weil man ein Etappenziel erreicht hat, ein Stückchen Gerechtigkeit zu vermitteln.

Resignieren könnte man trotzdem manchmal. Dem eigenen Handlungsspielraum sind so enge Grenzen gesetzt! Man steckt sich die Ziele stets zu hoch. Und die Mühe ist meist viel größer als der Erfolg. Doch besser ist es allemal, man spürt in einer Mischung von Demut und Wehmut in sich den Hunger nach Veränderung, sollte er auch bohren und kneifen, als daß man sich müde den Gegebenheiten anpaßt und ignoriert, daß das Leben erfreulichere Seiten haben könnte.

Die Hungernden und nicht die Satten werden die Gesellschaft verändern. Deshalb bin ich überzeugt, daß es sich lohnt, sich auf die Seite der „Hungernden und Durstenden" zu stellen. Denn die entscheidende Trennungslinie quer durch die Generationen verläuft nicht zwischen Nichtchristen und Christen, sondern zwischen den Selbstzufriedenen und den Unruhiggewordenen gleich welchen Glaubens und Bekenntnisses.

„Das ist doch gerade das Wesen der Demokratie, daß ich nicht sage: Die Behörde wird's schon richten, der Richter hat bereits entschieden, sondern daß ich selbst Verantwortung übernehme. Alles, was in Eurem Namen passiert, das ist Eure Sache. Überlaßt das öffentliche Leben nicht den Behörden. Helft den Behörden und ergänzt sie. Der Apparat braucht Kritik und Echo. Der Staat seid Ihr. Ihr seid im besten Bürgersinne ein Teil der Gesellschaft und handelt selbst."

„Uns in Deutschland betrifft das Thema ›Bewußte Gesetzüberschreitung‹ aufgrund unserer Geschichte besonders. Ich glaube, das ist die späte Reaktion auf den blinden Gehorsam im Dritten Reich. Die jetzige Generation vertritt die Meinung: Wir sagen nicht mehr ja und amen zu allem, sondern wollen auch unser eigenes Gewissen einbringen."

Hubert Heinhold, Rechtsanwalt von „Pro Asyl"

Selig
die Barmherzigen;
denn sie werden
Erbarmen finden.

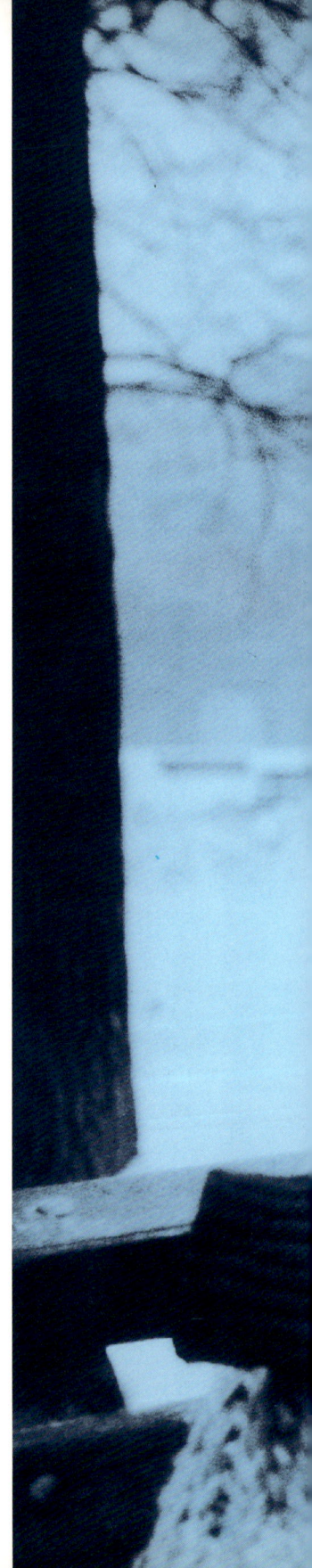

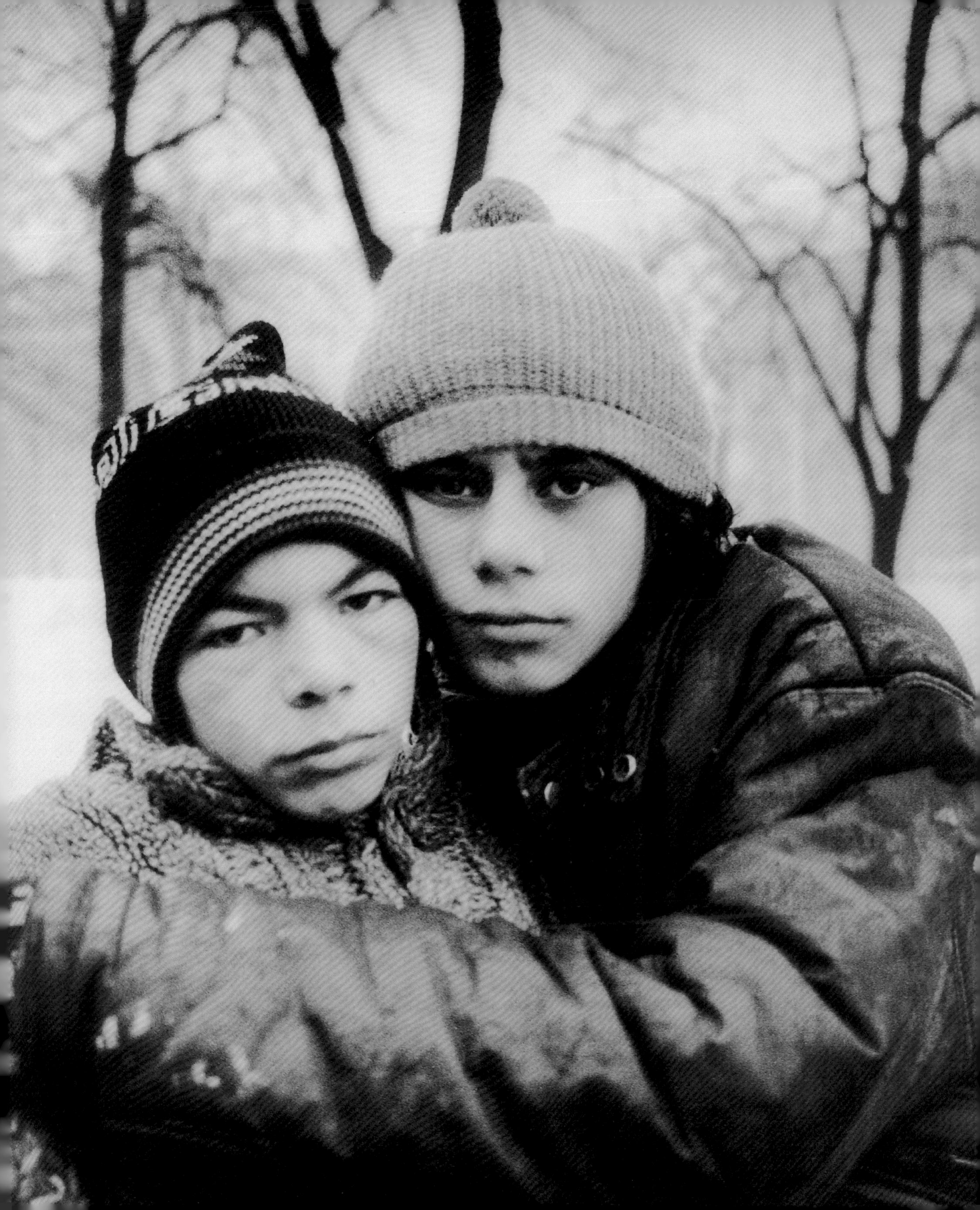

Fall eins: Ihre neunzehnjährige Tochter sucht händeringend einen Ausbildungsplatz. Sie bitten Ihren Kegelbruder, sie in seinem Autohandel unterzubringen, und bieten eine Gegenleistung an: Sie werden einen neuen Wagen bei ihm kaufen.

Fall zwei: Die junge Frau aus dem Nachbarhaus muß den Spagat zwischen Beruf und Kind ohne Partner bewältigen. Die Kinderkrippe zwingt ihrem Leben den Rhythmus auf, die Oma wohnt fern, und sie hangelt sich von Zufall zu Notfall. Sie selbst genießen Ihre neuerworbene Unabhängigkeit, denn Ihre eigenen Kinder sind schon groß. Von der Alleinerziehenden nebenan erwarten Sie nichts. Hat sie von Ihnen Hilfe ohne Gegenleistung zu erwarten?

An Fall eins und zwei scheiden sich Nachbarschaftshilfe von Solidarität, Eigennutz von Barmherzigkeit. „Wie du mir, so ich dir" – mit dieser Regel hat der Selbsterhaltungstrieb viel, Barmherzigkeit aber wenig zu tun. Zwar lebt das Gemeinwesen ganz entscheidend davon, daß Bürger Bürgern beistehen – jenseits von Gesetzen und Vorschriften. Aber wenn nur dem geholfen wird, der ebenfalls helfen kann, dann turnen die Tüchtigen – versichert auf Gegenseitigkeit – Hand in Hand oben am Trapez von Einkommen und Ansehen, während die Hilflosen ins soziale Netz stürzen, das immer weitmaschiger wird. Es sind die Schwächsten, die angewiesen sind auf die Barmherzigen. Das Hebräische, in dessen Strukturen Jesus dachte, nimmt das wörtlich: Dort stammt „Barmherzigkeit" von der Wortwurzel für „Gebärmutter" und nimmt Maß an der uneigennützigen Fürsorge der Mutter für ihr Kind.

Also wünscht man sich die Barmherzigen als Säulen der Gesellschaft, als selbstlose Hilfeleister. Doch an unserem Eingangsbeispiel der Mutter, die nichts weiter als eine Notbetreuung für ihr Kind sucht, mag deutlich werden, wie unbarmherzig Familien auf ihre Grenzen gestoßen werden. Wer den Nutzen hat, etwa einen persönlichen Vorteil oder einen Beruf als Studienrat, Kinderärztin, Jugendarbeiter, Babysitter, der widmet sich gern dem Nachwuchs anderer Leute. Auch als künftige Rentenzahler werden die Kleinen freudig in die Statistiken aufgenommen. Im deutschen Alltag freilich stiften Kinder Unruhe. Haben Sie schon einmal in der S-Bahn eine halbe Stunde neben einem zahnenden Säugling verbracht, ohne die Augen zum Himmel zu verdrehen? Für die Mutter ist das nervtötende Weinen lediglich eins der harmlosen Probleme. Denn die Eltern des zahnenden Säuglings haben, wenn sie mehrere Kinder haben oder planen, mit einem überdurchschnittlichen Armutsrisiko zu rechnen: Familien heute können den Lebensunterhalt plus die Altersvorsorge kaum von einem Gehalt finanzieren. Der Säugling selbst läuft Gefahr, von seiner Umwelt krank gemacht zu werden: Ein Kinderkörper reagiert viel sensibler auf Schadstoffe wie Chlor, Benzol, Dioxin, Nikotin. Auf der Straße ist kein Platz für ihn: 48.567 Kinder verunglückten 1996 im deutschen Straßenverkehr, 358 wurden getötet. Und zu Hause: Darf ein Kinderzimmer so viel Platz beanspruchen wie das Auto in der Garage? Alles, was uns lieb und teuer ist, steht den Bedürfnissen von Kindern entgegen: unsere Arbeits- und Freizeitgewohnheiten, Mobilität und Bequemlichkeit, unser verplanter Tagesablauf. Alles ist auf den krisentauglichen, berufstätigen Erwachsenen zugeschnitten, der sein Privatleben den Interessen seines Arbeitgebers unterordnet.

Die Psychologin Catharina Aanderud gibt uns zu bedenken, daß ein Kind nicht lediglich das Produkt zweier Individuen darstelle, sondern daß es in eine Gemeinschaft hineingeboren werde, die zur Unterstützung verpflichtet sei.

Die Tugenden, von denen die Gesellschaft als Ganze sich schon längst verabschiedet habe, würden von den Müttern – und nur von ihnen! – verlangt, damit sie später gesunde, lebenstüchtige Kinder in eben diese Gesellschaft entlassen, kritisiert Catharina Aanderud. Die Mutter soll dem Kleinkind arbeitsaufwendige, gesunde Biokost anbieten, während ringsum die Unsitte wächst, sich eine Packung Fertiggericht aufzureißen. Die Mutter soll dem Kind ein

Vorbild sein im Verzicht auf Rauchen, Fernsehen und Kaufrausch, während sich der Rest der Welt zu Tode konsumiert. Die Mutter soll sich selbstlos und ohne Ehrgeiz auf das Wohlbefinden des Kindes konzentrieren, während alle anderen sich um die eigene ökonomische Selbständigkeit und den beruflichen Erfolg kümmern.

Die Sorge um die Kinder ist für die Deutschen nachrangig geworden. Barmherzigkeit im Sinne der Bergpredigt hieße aber gerade Unterstützung über die eigene Familie hinaus. Barmherzigkeit ist altruistisch und kein Geschäft auf Gegenseitigkeit, Barmherzigkeit geht also über den Generationenvertrag hinaus, der die „Zukunft der Kinder" immer mit der „Zukunft der Renten" verknüpft.

Die vier Seligpreisungen, über die wir schon gesprochen haben, zeigen uns, welcher Menschenschlag sich zu den Barmherzigen rechnen darf. Die Barmherzigen sind es, die Armut, Trauer und Unrecht derjenigen lindern können, die wir zu Anfang als Adressaten der Seligpreisungen kennengelernt haben. Aber sie sind nicht nur die Starken und „die anderen" die armen Schwachen. Das größte Mitgefühl, den ehrlichsten Dienst aus Liebe können sicherlich die erweisen, die am eigenen Leib erlebt haben, wie arm und zerbrechlich Menschen sich fühlen können.

Auch Barmherzigkeit und Sanftmut ergänzen einander. Sanftmut allein genügt nicht, wenn man sie als konfliktentschärfendes Verhalten versteht. Man muß den Schmerz anderer mitfühlend verspüren und heilen wollen aus Sympathie für die Schwachen und aus Unduldsamkeit gegenüber ihren Peinigern – das meint Barmherzigkeit. Die Methoden dagegen, mit denen man gegen die Gleichgültigkeit vorgeht, bemessen sich an den Strategien der Sanftmut.

Die Gerechtigkeit der vierten und die Barmherzigkeit der fünften Seligpreisung entsprechen dem, was einerseits die Politik, andererseits das private Engagement erfordert. Das Gesetz muß gerechte Normen aufstellen, mit denen die Gesellschaft als Ganze leben kann. Will man aber jedes Schicksal mit dem Abstand betrachten, den das Gesetz zum Einzelfall halten muß, ersticken Mitgefühl und Menschlichkeit. Die Barmherzigen sprengen die Grenzen, die das Recht dem Zusammenleben auferlegt. Unser Beispiel der Familien in den Maschen des sozialen Netzes zeigt uns, wo die Grenzen des Rechts erreicht sind. Wenn Kindergeld und Kinderfreibeträge, Kinderzulagen und Kindererziehungszeiten bei einem Großteil der Familien nicht mehr reichen, den jetzigen Lebensunterhalt sowie das Leben im Alter abzusichern, ist es mit Einzelfallhilfe durch betuchte Großeltern oder hilfreiche Nachbarn nicht mehr getan. Die Grenzen des Rechts zeigen, daß Barmherzigkeit und Politik zwar auseinanderzuhalten, aber nicht zu trennen sind. Der Barmherzige legt den Finger auf die Wunden des Systems. Damit sie heilen, darf es nicht beim privaten Mitleid bleiben. Aus Mitgefühl weiß der Barmherzige Bescheid über die Schwächen des Systems. Er spricht darüber, damit öffentlich wird, warum es woran mangelt. Den Mangel grundsätzlich zu beheben, ist Sache der staatlichen Gerechtigkeit. Deshalb muß die Bergpredigt zum Störfaktor werden, wenn der Staat die Fürsorge für Kinder, Kranke und Alte immer mehr dem einzelnen zuweist und sich aus der Verantwortung für die entsprechenden Absicherungen zurückzieht.

*„Kinder, und das ist das Faszinierende an ihnen, geben häufig verblüffende und unverfälschte Rückmeldungen, die uns dazu veranlassen, eigene Werte und Verhaltensweisen zu hinterfragen. Mit ihrer Spontaneität stellen sie plötzlich das planvolle Denken der Erwachsenen in Frage und fordern ihre verlorengegangene Fähigkeit heraus, spontan auf Dinge zu reagieren, die auf sie zukommen."
Catharina Aanderud, Psychologin*

Furcht vor den Folgen möglicher Unterlassungssünden ist nicht der Boden, auf dem Barmherzigkeit, Mitleid, Solidarität gedeihen. Mitleid ist ein Gefühl, das von Mensch zu Mensch überspringt. Es ist nicht leicht, mitleidig zu sein, wenn der Empfänger es als Herablassung empfindet. Man kann darüber streiten, ob die Forderungen des Notleidenden gerecht sind. Es erfordert Rückgrat, „nur" Barmherzigkeit zu üben, wenn die „Progressiven" fundamentales Umdenken fordern. Doch vor einem – erfahrungsgemäß zähflüssig verlaufenden – politischen Wandel steht die Solidarität des einzelnen aus Mitleid, aus Leidenschaft.

Selig,
die ein reines Herz haben; denn sie werden Gott schauen.

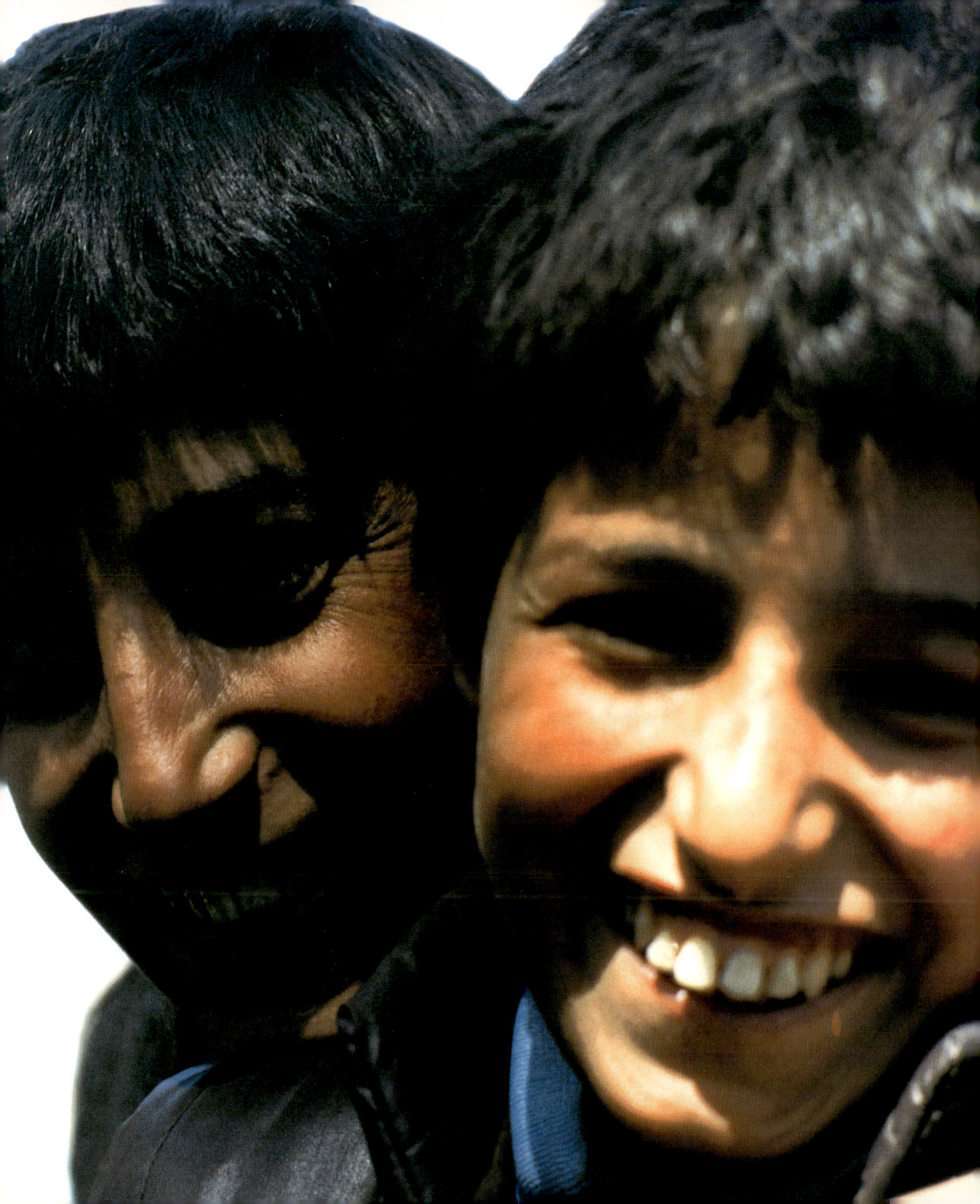

Zwei Herzen im Dreivierteltakt: Sie schlagen höher, hüpfen in der Brust, werden im Sturm erobert, verlieren sich eins an's andere. Doch ehe man sich versieht, werden sie schwer, drehen sich im Leibe, brechen, bluten. In unerschöpflichen Varianten kreisen Literatur, Theater, Film, Schlager und auch die Bibel um die Liebe, die tief, tief im Herzen verankert ist. Doch Herz, Schmerz und dies und das ist nicht der Angelpunkt der sechsten Seligpreisung. Zwar sitzt nach ihrem Verständnis auch das überschwengliche Gefühl im Herzen, doch gleichzeitig die Vernunft, was verhindert, daß einerseits die Liebe zum Rührstück verkommt, andererseits der Verstand ungerührt waltet. Die Verklammerung von Herz und Hirn in einem einzigen Wort stammt aus dem Hebräischen. Dem hebräischen „Herzen" entspringen Erkenntnisse und Absichten, Zuneigung und Ablehnung, Willensentschlüsse und Gewissensentscheidungen. Jesus spricht in dieser Seligpreisung vom existentiellen Zentrum des Menschen, vom Sitz des Ichs. „Selig, dessen innere Antriebe rein sind." Welcher Herzensbrecher kann das von sich behaupten?

Religiöse Assoziationen zur Reinheit sind verdrängt worden, seit die Waschmittelwerbung sich des Wortes bemächtigt hat. Ursprünglich aber ist Reinheit ein Thema aller Religionen und meint Aufrichtigkeit, Ehrlichkeit, Treue zu dem, was als richtig erkannt worden ist. Das kann eine Glaubenserkenntnis sein, aber ebenso gut eine Einsicht über den Mitmenschen oder sich selbst. Deshalb kann eine „reine", sprich aufrichtige Persönlichkeit auch für nicht-religiöse Menschen ein erstrebenswertes Entwicklungsziel sein. Denn wer wünscht sich nicht Klarheit über die Umstände seines Existierens? Wer will sich schon hin- und hergerissen fühlen zwischen seinen inneren Antrieben? Jeder will eindeutige Beziehungen zu anderen Menschen.

Über das Thema Reinheit führte Jesus eine harte Auseinandersetzung mit den strengen jüdischen Theologen seiner Zeit, die alles daran setzten, den Kontakt zum Unreinen zu vermeiden – manchmal auf Kosten der Barmherzigkeit. Jesus hielt dagegen: Äußere Enflüsse wie verbotene Speisen, die Begegnung mit Kranken, „schlechter Umgang", ungewaschene Hände oder notwendige Feiertagsarbeit können den Menschen nicht unrein machen. Das

Herz selbst ist Ursprung des Unreinen, es produziert häßliche Gedanken und böse Pläne. Und zum eigenen Herzen kann man den Kontakt nicht abbrechen. Man wird sich mit ihm auseinandersetzen müssen.

An welchen Werten kann sich das reine Gewissen orientieren? Ulrich Wickert, Moderator der „Tagesthemen", hat sich Gedanken darüber gemacht, warum in Deutschland die individuelle Freiheit mehr und mehr erstarkt zu Lasten des Gemeinsinns. Damit den privatistischen Lebenszielen nicht mehr Bedeutung zugemessen werde als den Bedürfnissen der Gemeinschaft, hält Ulrich Wickert drei Elemente für unverzichtbar, damit das Wertesystem funktioniert. Erstens die Pflicht: Der einzelne handelt nicht aus einer persönlichen Laune heraus, sondern zu allen Zeiten nach denselben moralischen Kriterien, hinter denen eine anerkannte Autorität steht. Zweitens die Einsicht: Der Handelnde soll diesen moralischen Kriterien nicht blind folgen, sondern er muß erkennen können, warum sie gut sind. Drittens die Gemeinschaft: Der einzelne dient mit seinem Handeln dem Interesse der Gruppe, mit der ihn ein „Gesellschaftsvertrag" verbindet. Diese Gruppe kann die Familie sein, die Nachbarschaft, die Stadt, der Staat, die Menschheit. Allerdings, resümiert Wickert, hielten sich in der westlichen Gesellschaft zu viele Vertragspartner nicht mehr an die Richtschnur des Gemeinwillens, vielleicht weil ihnen die Einsicht fehle.

Selbst wenn man dem Menschen ein positives Interesse unterstellt, den „Gesellschaftsvertrag" zu unterschreiben, ist damit noch nicht der wesentliche Schritt zum Zusammenhalt getan. Die traditionelle christliche Tugendlehre ist zwar jahrhundertelang darauf ausgerichtet, die Antriebe der „bösen" Gedanken und Begierden (vor allem die als Übel eingestuften sexuellen Triebregungen) auszumerzen, damit der Mensch das Gute wolle und tue. Doch ich bezweifle, daß der Normalsterbliche durch einen reinen Willensakt seinen Egoismus und seine übelwollenden Phantasien ausrotten kann. Wie oft fallen wir unversehens in die schwarzen Abgründe unserer Seele! „Ich begreife mein Handeln nicht: Ich tue nicht das, was ich will, sondern das, was ich hasse. Das Wollen ist bei mir vorhanden, aber ich vermag das Gute nicht zu verwirklichen." Hier beklagt sich ein Mann über seine eigene Niedertracht, den die Kirche mit allen Ehren ausgestattet hat: der Apostel Paulus.

Die Schwäche des Paulus ist uns aus dem Alltag wohlbekannt. Ich liebe dich, aber im Streit will ich dich dort treffen, wo es dir am wehesten tut. Natürlich bin ich für ein funktionierendes Sozialsystem, aber muß ich mit meinen sauererarbeiteten Steuern das süße Leben bequemer Nieten finanzieren? Meine Kinder sollen auf eine anständige Schule gehen, aber ich habe keine Lust, stundenlang in der Klassenpflegschaftsversammlung zu hocken.

> *„In der Pflicht des einzelnen steckt die Disziplin der Gesellschaft. Je weniger der Mensch sich als ohnmächtiges Objekt äußerer Einflüsse sieht, desto eher ist er bereit, Verantwortung zu übernehmen. Er erfüllt Pflichten eher, wenn er davon ausgehen kann, daß sein Wollen Wirkung zeigt."*
> Ulrich Wickert, „Tagesthemen"-Moderator

Bleiben wir realistisch: Wenn wir uns klarmachen statt zu ignorieren, welche auseinanderstrebenden Antriebe in uns am Werk sind, ist für ein gedeihliches Zusammenleben schon viel gewonnen. Das Gewissen läßt sich freilich nicht als Tagesordnungspunkt x trainieren, es braucht schon eine Zeit des ruhigen, systematischen Nachdenkens. Die klösterlichen Orden messen diesen ruhigen Zeiten von jeher allergrößte Bedeutung bei, indem sie eine Klausur schaffen, einen inneren Klosterbereich, der für Außenstehende gesperrt ist, und stille Zeiten ohne zerstreuende Gespräche. „Jedem seine Schrulle", mag der Agnostiker des 20. Jahrhunderts spöttisch denken. Aber braucht nicht jeder Mensch eine Intimsphäre, einen reizarmen Raum für private Gedanken, geheime Wünsche, gründliche Überlegungen? Die üblen Schichten unseres Wesens können wir niemand anderem überantworten. Und auch die wirklich wichtigen Entscheidungen kann uns ein Ehepartner, ein Freund zwar erleichtern, aber fällen müssen wir sie eigenverantwortlich.

Nun scheint es, als müßten wir die Reinheit unseres Herzens im stillen Kämmerlein mit uns allein ausmachen, und sollten wir versagen, dann trifft den Glaubenden der Zorn seines Gottes, den Agnostiker den des eigenen Gewissens. Mir scheint, der Christ hat da einen entscheidenden Vorteil. Denn eine Moral ohne Religion muß fordern bis zum Unmenschlichen, andernfalls machte sie Abstriche an ihrem vernunftgeleiteten Ideal. Der christliche Glaube dagegen fußt gleichermaßen auf der Liebe zu Gott, zum Nächsten und zu sich selbst. Wer Aggression und Versagen zugibt, braucht nicht nur auf Gott zu hoffen oder auf ein wie immer geartetes künftiges Gericht. Er darf sich selbst gegenüber nachsichtig sein und muß von sich nicht das Unerfüllbare erwarten. Was für eine Erleichterung! Gott zu sehen, dieses Versprechen, das die Seligpreisung den Herzensreinen gibt, brauchen wir ebenfalls nicht ins Jenseits zu verschieben. Wer vorbehaltlos das Leben und die Menschen um sich herum beobachtet, der wird sicherlich oft genug mit dem Schöpfer dieses erstaunlichen Systems biologischer Gesetzmäßigkeit und menschlicher Freiheit konfrontiert. Albert Einstein antwortete auf die Frage, ob er an Gott glaube: „Ich brauche gar nicht zu glauben, denn ich sehe ihn ja täglich im Weltall am Werk."

Wir dürfen die Nächstenliebe nicht vergessen. Die Bergpredigt propagiert schließlich keine Privatmoral für das Individuum, und sie gilt auch nicht erst am Weltenende. Nach meiner Überzeugung wurde sie auch für die Entscheidungsträger der Gesellschaft aufgeschrieben. Fehler einzugestehen, gehört nicht gerade zur politischen Kultur in Deutschland. Diesen Mangel braucht man nicht nur den Politikern anzulasten, denn wie würde die Öffentlichkeit über sie herfallen, würden sie freiwillig eine Schwäche bekanntgeben? Sicherlich ist es unmöglich, aus den Seligpreisungen ein politisches Programm abzuleiten, denn sie geben keine konkreten Handlungsanweisungen, sondern sind im politischen Einzelfall immer interpretationsbedürftig. Das Gerüst, das die Bergpredigt menschlichem Verhalten baut, gilt aber für privates wie öffentliches Handeln. Für die Seligpreisung derer, deren Herz und Hirn rein sind, lautet sie: Ehrlich sein statt berechnend, aufrichtig statt parteipolitisch denken. Wie würden sich die Politiker und die Wähler verändern, wenn dem Wähler regelmäßig auch die Kosten sozialer Errungenschaften genannt würden – selbst wenn diese Ehrlichkeit einen parteipolitischen Nachteil bringen sollte?

Selig,
**die Frieden stiften;
denn sie werden Söhne
Gottes genannt werden.**

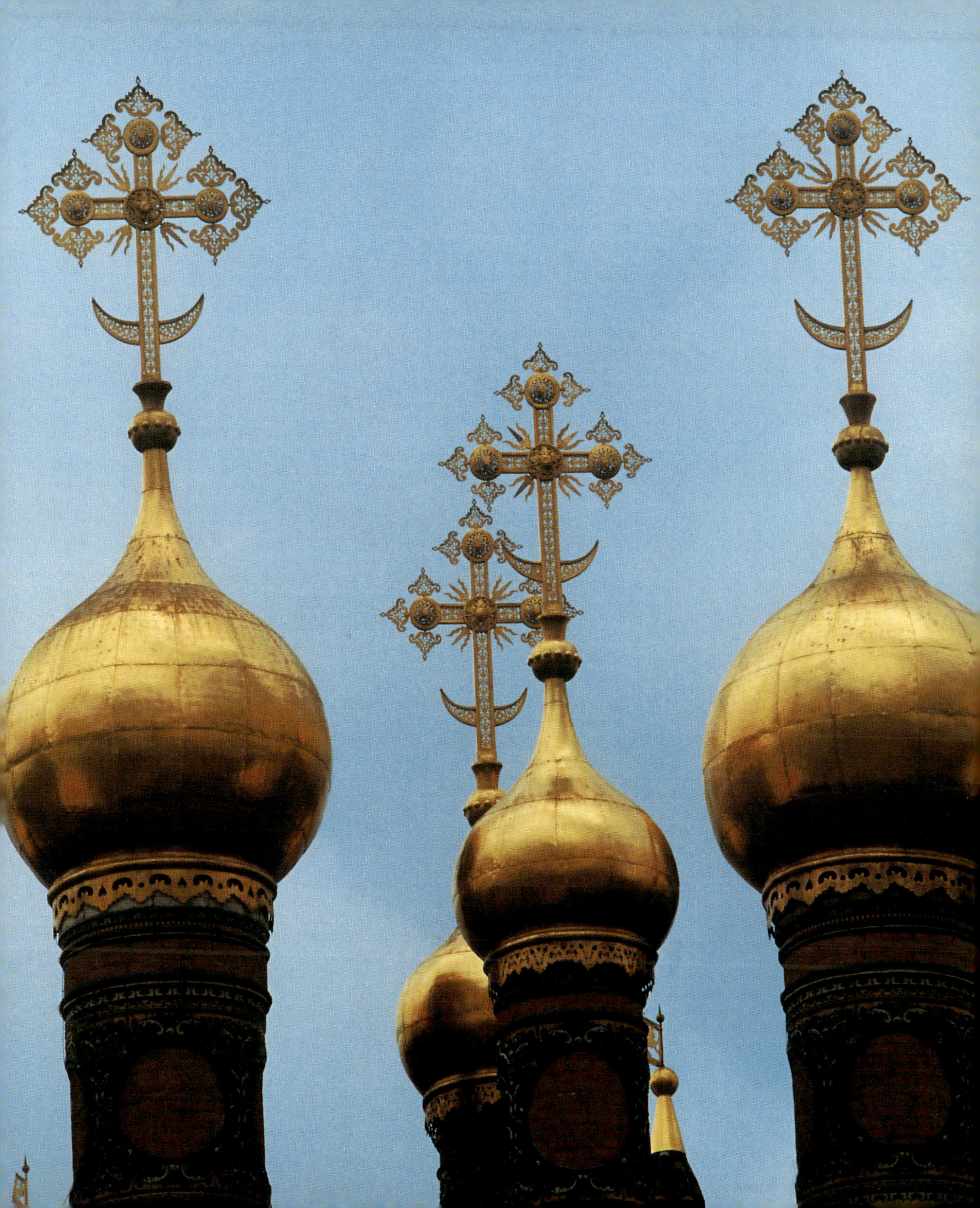

„Wer zittert oder davonläuft in dem Augenblick, da er zwei Leute miteinander kämpfen sieht, ist nicht gewaltlos, sondern feige. Ein gewaltloser Mensch wird sein Leben einsetzen für die Beilegung solcher Streitigkeiten. Gewaltlosigkeit setzt die Fähigkeiten zum Zuschlagen voraus. Sie ist eine bewußte und überlegte Zurückhaltung, die dem Rachegelüst auferlegt wurde." Der Hindu Mahatma Gandhi hat der christlichen Kultur sehr deutlich gemacht, was es mit Sanftmut und Friedenstiften auf sich hat. Wir wollen hier nicht von den Friedfertigen sprechen, die auf Konflikte verzichten, andere in Ruhe und den Frieden sich selbst überlassen. Das Ideal dieser Seligpreisung sind die Friedensstifter, die vom Frieden mehr erwarten als einen Waffenstillstand. Friede ist nicht, wenn kein Krieg herrscht, den etwa die Entwicklungsländer gegen den reichen Norden führen könnten. Friede kommt diesem möglichen Krieg zuvor, wenn der Norden darauf verzichtet, ein Übermaß der Güter zu beanspruchen, auf die auch die armen Länder ein moralisches Anrecht hätten.

Auf die Frage, ob Frieden auf Erden machbar sei, antwortete die jüdische Lehrsammlung Talmud schon zu Jesu Lebzeiten mit einer Politik der kleinen Schritte: Konfliktschrumpfung, Entschärfung von Konfrontation, Rechtsverzicht, Übererfüllung der Liebesgebote, Nachgiebigkeit. Friedensstifter sind nach allgemeiner Meinung oft Dritte, die zwischen zwei streitenden Parteien vermitteln. Ein solcher Friedensdienst ist zwar nicht zu verachten, aber das Frieden-Schaffen braucht mehr: Die Streitpartei verzichtet auf Durchsetzung ihres Rechts. Der Geschädigte verzichtet auf Schadenersatz. Der Verhaßte bleibt den Hassern gewogen. Ein solches Friedensprogramm klingt zwar nach einer mühsamen, die Geduld und den guten Willen strapazierenden Arbeit. Die Methoden hingegen, Frieden zu schaffen, klingen erfolgversprechend. Warum hält die Menschheit sich nur so selten daran?

Es fällt nicht schwer, Beispiele für heillos zerrüttete Beziehungen zu finden: die Frau, die durch Prügel und Sex gefügig gehalten wird; das kleine Mädchen, dessen Vater so lieb zu ihm ist und dann wieder ganz fremd und unheimlich und drängend; die frischverliebte Teenagerin, deren „Freund" sie auf einmal aufs Bett wirft; die Frau an der dunklen Bushaltestelle, die lähmendes Entsetzen überfällt, als ein Wagen mit zwei grinsenden Männern hält.

Ist es diesen Mädchen und Frauen erlaubt, ihre Peiniger lebenslang zu hassen? Dürfen sie Genugtuung fordern? Dürfen sie sich mit Gegengewalt, mit Reizgas und Selbstverteidigung gegen künftige Übergriffe zu schützen versuchen? Oder verlangt die Seligpreisung der Friedensstifter tatsächlich von den Opfern, auf Recht und Schadenersatz zu verzichten? Muß eine Frau gar aus eigenen Kräften den Konflikt zu entschärfen versuchen, damit das Verhältnis zu Ehemann, Vater oder Freund nicht vollends zerstört wird?

Ich bin überzeugt: Sie muß es nicht. Rein menschlich betrachtet kann keiner von einer vergewaltigten Frau verlangen, sich um des lieben Friedens willen entwürdigen zu lassen. Friede ist eine lachhafte Illusion, wenn nur der Schwache verzichtet, der Starke aber weiterhin unterdrückt. Auch Jesus hat sich offensiv für die Schwachen stark gemacht. Doch als er selbst Gewalt und Tod ausgeliefert wurde, setzte er auf Gewaltlosigkeit. Ist das ein Maßstab für besonders engagierte Jesus-Nachfolger?

Der gewaltsame Tod Jesu geschah nach christlicher Vorstellung stellvertretend für das, was eigentlich die Menschen selbst verdient hätten. Denn die Menschen sind, ob sie wollen oder nicht, aufeinander angewiesen: „Einer für alle – alle für einen". Wer bösartig und gewalttätig handelt, sprich: schuldig wird, verursacht Leiden und stört damit das Funktionieren der Gemeinschaft. Die Folgen dieses Fehlverhaltens müssen beseitigt werden. Jesus ertrug deshalb exemplarisch die Grausamkeiten, die durch menschliche Schuld entstehen. Die Paradoxie der Lehre Jesu besteht nun darin, daß auf der einen Seite das Leiden als wesentlicher Bestandteil des Weges zu einer besseren Welt angesehen wird. Andererseits aber muß sich der Mensch am Ende dafür verantworten, was er getan hat, um Leiden zu mildern. Erklären läßt sich dieser Widerspruch damit, daß es zwei Ursachen des Leides gibt. Erstens:

Leid, das durch Gewalt verursacht wird, ist destruktiv, führt nicht zum Leben und muß mit allen Mitteln verhindert werden. Es gibt aber – zweitens – auch ein Leiden, das aus den unkontrollierbaren und geheimnisvollen Bedingungen des Menschseins entsteht und Neues schafft. Die feministische Theologie nennt als eindringlichstes Beispiel die Qualen einer Geburt, die engstens mit der Faszination an neuem Leben verbunden sind. Auch eine sozialengagierte Lebensführung, die am Gewissen ausgerichtet ist oder an Vorbildern wie Jesus Christus, ruft notwendigerweise Widerspruch hervor und bringt dem Engagierten unter Umständen massive Nachteile.

Kann Jesus, der am Kreuz hängend seinen Feinden vergab um der guten Sache willen, richtungsweisend sein für Frauen, die Grausamkeiten erfahren haben? Man kann einer Frau, die vergewaltigt wurde, kaum abverlangen, ihre bösen Erlebnisse „unter das Kreuz Christi" zu stellen und ihrem Peiniger „aus christlicher Nächstenliebe" zu vergeben. Damit würde Frauen weisgemacht, ihr Leid ergebe sich zwingend aus ihren Lebensumständen, und sie müßten lernen, damit umzugehen. Anstatt die Ursachen des Leids abzustellen, würde so gewaltsames Leiden verherrlicht.

Die Aufforderung zu vergeben trägt zusätzlich zur Unterdrückung der mißbrauchten Frau bei. Für viele Männer ist es allerdings fast unmöglich, aus eigenen Kräften Gewalt durch konstruktives Streitverhalten auszutauschen, weil ihre Gewalttätigkeit aus kaschierter Schwäche entsteht. So sieht es der Hamburger Soziologe Michael Firle, der in verschiedenen Forschungsprojekten zur Gewalttätigkeit die häßliche Seite des Mannes genau kennengelernt hat. Michael Firle macht zwar keinen Hehl daraus, daß er sich über gewalttätige Männer empört. Allerdings hält er die Scheidemarke zwischen Gewalt und Friedfertigkeit für schmal. Gewalttätige Männer seien keine „psychopathischen Monster", sondern unauffällige Männer aus allen Schichten, die als dreijährige Jungen sicherlich noch nicht diese Veranlagung hatten. „Irgendwann muß die Gewalt von außen in sie hineingekommen sein", sagt Michael Firle, „deshalb ist Männergewalt gegen Frauen ein gesellschaftliches Problem und nicht nur Privatsache." Freilich nur ein schwacher Trost für Frauen, die un-

> *„Tiefgreifende Änderungen sind erst zu erwarten, wenn das herrschende Männerbild zuläßt, daß Männer als ›weiblich‹ abgewehrte Gefühle wie Schwäche, Ratlosigkeit, Traurigkeit haben und zeigen dürfen und sich, wie Frauen auch, Hilfe holen können."*
>
> *Michael Firle, Soziologe*

ter dieser Gewalt zu leiden haben. Vergebung ihrerseits kann letztlich nicht erwartet werden, wenn keine Aussicht auf Wiedergutmachung besteht. Der Täter muß es wieder gut machen, das heißt: die Wahrheit aussprechen, Verantwortung übernehmen, die Verletzlichen schützen. Sind die Kräfteverhältnisse zwischen Täter und Opfer so ungleich verteilt, hat zuerst die Wiedergutmachung zu geschehen, dann möglicherweise die Vergebung. Die Verantwortung dafür, Frieden wiederherzustellen, liegt beim Täter. „Selig, die Frieden stiften" – das klingt in meinen Ohren in erster Linie wie eine Aufforderung an die Gewalttäter, Verantwortung zu übernehmen.

Aber haben wir damit nicht eine probate Entschuldigung für alle Streitparteien gefunden, zunächst auf Friedenssignale der Gegenseite zu warten? Wir haben oft vom Gewissen gesprochen. Streitparteien mögen ehrlich prüfen, ob sie sich in einer ohnmächtigen Opferrolle befinden. Mir macht die Seligpreisung der Friedensstifter jedenfalls eins klar: Die Seligpreisungen fordern nicht: „Du sollst, denn du kannst." Sie sind keine Vorschriften, die unter beliebigen Umständen gelten. Ob menschliche Beziehungen gelingen, hängt eben ab von vielschichtigen Bedingungen. Doch dort, wo die Seligpreisungen beachtet werden können, garantieren sie, daß das Leben gelingt.

„Sie werden Söhne Gottes genannt werden", wird den Friedensstiftern versprochen. Die „Söhne" stehen nicht im Gegensatz zu Töchtern, sondern zu unmündigen Kindern, die sich versorgen lassen müssen. Söhne und Töchter übernehmen selbsttätig Verantwortung für ihr Leben. Das gilt letzten Endes auch für eine Frau, die ihrem Gewalttäter vergeben kann, nachdem sie Wiedergutmachung und Gerechtigkeit erfahren hat. Denn sie hat eine bessere Chance, Körper und Seele zu heilen, wenn sie sich in einem Akt der Vergebung von ihren Verletzungen befreien kann.

Selig,
die um der Gerechtigkeit willen verfolgt werden; denn ihnen gehört das Himmelreich.

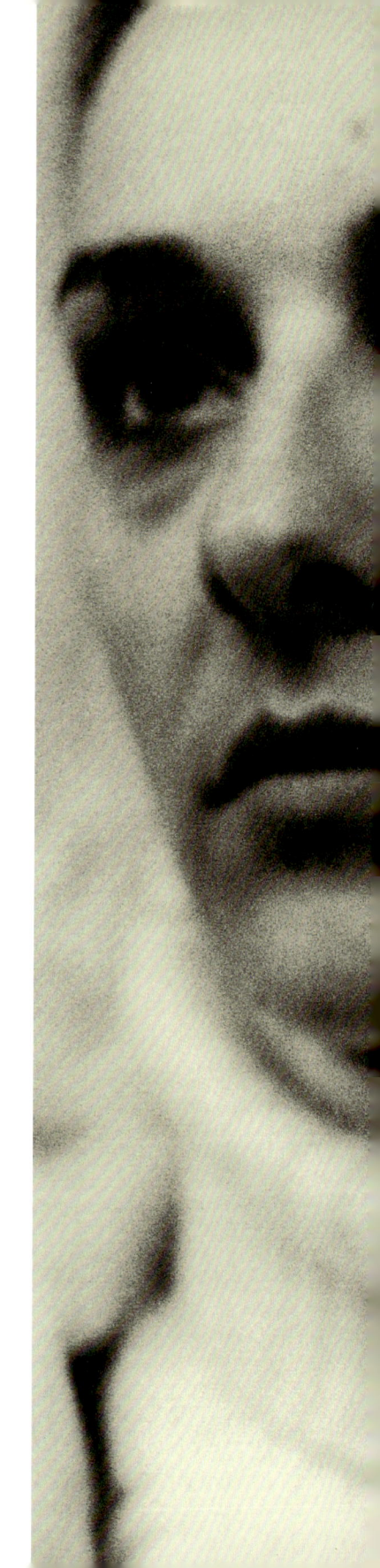

Aussetzung der Abschiebun
(Duldung)
Der Aufenthalt ist auf den Freistaat Bayern beschränkt.
Arbeitserlaubnispflichtige Erwerbstätigkeit nur gemäß gültiger Arbeitserlaubnis gestattet.
München, den 17.07.95
Landeshauptst
Datum, Unterschrif
Bundesdruckerei
Aussetzung der Absch
(Duldung)
gültig bis 20. Februar
Der Aufenthalt ist auf den Freistaat Bay
beschränkt.
nur gemäß gültiger Arbeitserlaubnis ges
München, den 21.08.95
Landeshauptstadt Münch
I.A.

Da gibt einer seine besten Kräfte, lebt und wirbt für Recht und Menschlichkeit, und wie wird ihm gedankt? Verschrien ist er als Gerechtigkeitsapostel, als falscher Prophet, als Frömmler, Heuchler, Pharisäer, Scheinheiliger, als Kommunist vielleicht, der den Starken der Gesellschaft ihr vermeintlich gutes Recht streitig machen will. Nicht wenige christliche Denker halten Verfolgung für ein entscheidendes christliches Erkennungszeichen. Sie meinen: Die Welt der Ungerechtigkeit und das Gottesreich, das Jesus beschwor, widersprächen sich so sehr, daß man nur dann, wenn es zu Verfolgung komme, von Treue zur Sache Jesu sprechen könne. Diese ernsthaften Getreuen seien es, die das Evangelium zu einer Gefahr machten für diejenigen, die anderen die Lebenschancen abgraben.

„Selig seid ihr, wenn ihr um meinetwillen beschimpft und verfolgt und auf alle mögliche Weise verleumdet werdet. Freut euch und jubelt: Euer Lohn im Himmel wird groß sein. Denn so wurden schon vor euch die Propheten verfolgt." Verfolgung und Verleumdung, so sagt dieser Zusatz Jesu zur letzten Seligpreisung, haben vor allem die zu erwarten, die zu Jesus gehören. In der Tat können jene Christen, die ihre Glaubensüberzeugung nicht nur im Kämmerlein, sondern gesellschaftspolitisch leben, mit den Propheten des Alten Testaments verglichen werden. Die Propheten waren weniger Wahrsager, welche die Zukunft voraussagten, als vielmehr Visionäre, die die Übel der Gegenwart anklagten. Die Wahrheit zu sagen, hat Menschen schon immer in Schwierigkeiten gebracht. Christen sollte es eine verpflichtende Ehre sein, mit den Propheten der Bibel verglichen zu werden.

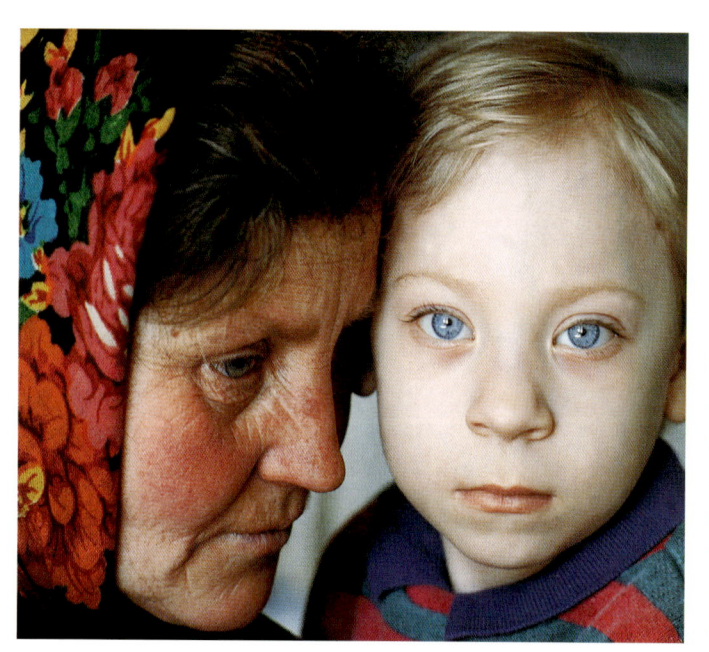

Jene Christen, die Andersdenkende nicht fürchten und den eigenen Glauben nicht um jeden Preis durchsetzen wollen, machen gemeinsame Sache mit den anderen Gerechten dieser Welt, die Verfolgung in Kauf nehmen. Ob Sophie Scholl oder Mahatma Gandhi, ob Martin Luther King oder Nelson Mandela, alle Gerechtigkeitskämpfer dieser Welt kann man zu Mitstreitern Jesu in Sachen Menschlichkeit zählen, ohne sie für die eigene Konfession vereinnahmen zu wollen.

Ein profilierter Brückenbauer zwischen den Religionen ist Pinchas Lapide, jüdischer Theologe und guter Kenner des Christentums. Er nennt die Seligpreisung der Verfolgten die jüdischste aller Seligpreisungen. Ein Trost könne sie sein für unzählige Söhne Israels, die ihr Leben gegeben hätten für Gott und seine immer noch ersehnte Herrschaft auf Erden. „Wenn Demut, Trauer, Milde, das Dürsten nach Gerechtigkeit und das stillschweigende Erdulden von Schmähungen und Verfolgungen zur Mitte des Christseins gehören", sagt Lapide, „dann gehören wohl die Juden 1500 Jahre lang zu den treuesten Nachfolgern ihres großen Bruders aus Nazaret."

Nachfolge Jesu heißt Nachahmung. Auch im Aufruf, Gott nachzuahmen, sind sich Christen und Juden nah. „Seid heilig, denn ich bin heilig, der Herr, euer Gott!" Diesen Satz aus dem Buch Leviticus, so sagt Pinchas Lapide, bezeichneten die Rabbinen als Mitte der Schrift. Welch ein Anspruch! Für Juden und Christen als Nachahmer Gottes gilt, eine angemessene Widerstandskraft gegenüber dem Applaus wie den Buhrufen der Welt zu entwickeln. Allerdings sollte man vorsichtig sein damit, das Wort vom Propheten, der in seiner Vaterstadt nichts gilt, auf sich persönlich zu übertragen. Verfolgt und kritisiert zu werden, legitimiert noch nicht die eigenen Anschauungen. Zwar setzt sich der Verleumder durch sein Verhalten immer ins Unrecht, dadurch allein bekommt der Verfolgte aber noch nicht das Recht zugesprochen. Wenn morgen alle Raucher mit Geldbußen belegt werden, mag man diese Sanktion ungerecht finden, doch deshalb ist das Rauchen noch lange nicht sinnstiftend.

„Wie sich die menschliche Friedenstaktik zur göttlichen Allversöhnung des ›schalom‹ verhält, beleuchtet eine rabbinische Parabel, die den Kochtopf als Vorbild für alle Friedensmacher empfiehlt. Denn der bescheidene Kochtopf vollbringt ja, ohne viel Federlesens zu machen, ein tägliches Wunder, das auch die Politiker anregen sollte. Indem sein dünner Boden zwei feindliche Elemente, nämlich Feuer und Wasser, voneinander trennt, versöhnt er die beiden keineswegs, aber dennoch bringt er es fertig, sie zur friedlichen und konstruktiven Zusammenarbeit zu bewegen."

Pinchas Lapide, jüdischer Theologe

Auf der anderen Seite sollte man stutzig werden, wenn die selbstgezimmerte Lebensphilosophie nirgendwo Anstoß erregt. Zu einem engagierten Leben scheint stets Widerstand, Leid und Einschränkung zu gehören. Warum ist das so? Die Lauen sagen zu allem ja und amen, um nicht aus ihrer arrivierten Ruhe geschreckt zu werden. Die Wahrhaftigen dagegen wollen verändern und gelten deshalb als Störenfriede. So kann der Widerspruch der anderen zu einer geheimen zusätzlichen Bestätigung dafür werden, daß man auf dem richtigen Weg ist.

Verfolgung und Verleumdung hat jeder der Seliggenannten zu erwarten:

Der im Geist arm Gewordene, der die Insignien von Einfluß, Geld und Absicherung nicht mehr braucht, um sich selbst akzeptabel zu finden. Die Trauernde, die eine Auszeit nimmt, in der sie nicht gesellschaftsfähig sein muß. Der Sanftmütige, der all den Ellbogen um sich herum deutlich macht, daß gewaltlose Beharrlichkeit sogar gegen Betonköpfe erfolgreich sein kann. Die nach Gerechtigkeit Hungernde, die den Palästen verkündet, was in den Knästen vor sich geht. Der Barmherzige, der den Finger in die Wunden des Systems legt, damit nicht nur dem Einzelfall geholfen wird. Die Herzensreine, die den kleinen Teil des Weltgewissens zu Gehör bringt, der in ihr schlägt. Der Friedensstifter, der zwischen den Parteien vermittelt – gerade, wenn er selbst einer der Aggressoren ist.

Sie alle verlassen den Weg, auf dem der geringste Widerstand zu erwarten wäre, und müssen mit der Kritik der Profiteure des Systems rechnen. „Denn ihnen gehört das Himmelreich", verspricht den Engagierten schon für die Gegenwart der Bergprediger Jesus, nicht etwa: „Wenn sie erst gestorben sind, werden sie schon sehen, was sie davon gehabt haben." Das Heil fällt nicht vom Himmel, doch wer sich nach Maßgabe der Seligpreisungen um eine gerechtere Welt bemüht, der erlebt schon heute, daß das Leben tatsächlich gerechter und heiler zu werden beginnt. Er braucht sich nicht resigniert in der Innerlichkeit seines Seelenlebens zu verschanzen, um einen Schimmer davon zu erhaschen, wie Gott sein könnte, wenn er im Alltag erfahrbar wäre.

Als Theatermann habe ich die acht Seligpreisungen daraufhin befragt, ob sie auch die, die eigentlich nur von fern zusehen wollten, mit hineinziehen können in das leidenschaftliche Spiel um die Liebe zwischen Gott, den Menschen und uns selbst. Das Drama Leben findet statt auf allen drei Etagen in Gottes Welttheater: „So schreitet in dem engen Bretterhaus den ganzen Kreis der Schöpfung aus und wandelt mit bedächtger Schnelle vom Himmel durch die Welt zur Hölle." Für den Schöpfer dieses Szenario, der über unserer Bühne Regie führt, sollen wir spielen: zweckfrei, aber sinnvoll, oft am Rande der Unterwelt, aber unser Regisseur hat uns nicht dorthin manövriert, sondern wir haben uns treiben lassen. Und da findet sich plötzlich in der Mitte der Bühne der Lückenbüßer wieder, der Geringste, die Nebenrolle, die nie das Stück entscheidet – vom Spielleiter Gott dorthin gestellt, um den Protagonisten des Spiels die entstellenden Masken herunterzureißen. Jedes Mitglied des Ensembles soll sich auf die Rolle besinnen, für die es vorgesehen ist. Jeder Chorsänger hat seinen Solopart, und alle Soli singen im Chor. Am Ende des Stücks wird der Bühnenhimmel sich öffnen.

Die Vorgabe Jesu

von Eugen Biser

Die Seligpreisungen der Bergpredigt sind wie mit goldenen Lettern ins Bewußtsein der Christenheit eingeschrieben; denn sie gehören zum unverzichtbaren Bestand der christlichen Lehre. Dem entspricht auch ihre Form, die ihre Herkunft aus der urkirchlichen Unterweisung nicht verleugnen kann. Nicht umsonst sind sie in einer versachlichten, in die dritte Person gekleideten Redeweise zum Ausdruck gebracht.

Ist das die Art, wie Jesus spricht? So fragen wir uns unwillkürlich, da wir seine Sprache von den Bildworten und Gleichnissen her ganz anders im Ohr haben. Denn das war doch eine evozierende, oft sogar provozierende Sprache, durch die er die Menschen zu erschüttern und letztlich zu verwandeln suchte. So geht es dann tatsächlich im Verlauf der Bergpredigt auch weiter: „Ihr seid das Licht der Welt", sagt Jesus an die Adresse seiner Jünger gerichtet: „Ihr seid das Salz der Erde." Selbstverständlich kommen uns dann auch andere Sätze in den Sinn, in denen er auf ähnlich zupackend-dialogische Weise zu den Menschen redet.

Das muß beim Hörer dieser Sätze die Frage aufwerfen, ob es nicht vielleicht diese Seligpreisungen irgendwo im Neuen Testament noch einmal gibt. Möglicherweise dann in der ursprünglichen Form; denn die uns vom liturgischen Gebrauch her bekannte Matthäusfassung trägt nur zu deutlich lehrhafte Züge. Wer gewohnt ist, nach Parallelen zu forschen, der wird auch sehr bald fündig. Diese Seligpreisungen gibt es noch einmal und zwar im Lukasevangelium. Dort stehen sie ebenfalls im Kontext der Bergpredigt, die an dieser Stelle allerdings eine sehr viel kürzere und kompaktere Form aufweist als in der verdeutlichenden des Matthäusevangeliums. Dort spricht Jesus tatsächlich in der von uns vermuteten dialogisch zustoßenden Form: „Selig ihr Armen; euch gehört das Gottesreich. Selig, die ihr jetzt hungert; ihr werdet gesättigt werden. Selig, die ihr jetzt weint; ihr werdet lachen."

Das sind Worte ungeheurer Wucht, die allerdings gegen Mißverständnisse nicht abgesichert waren. Wir verstehen, daß die junge Christenheit – in diesem Zusammenhang natürlich auch die Evangelisten – bemüht waren, diese Sätze Jesu dem Mißverständnis zu entziehen und sie in eine für den Lehrbetrieb der Kirche praktikable, dazu noch kommentierte Form umzusetzen. So wurden denn diese Seligpreisungen zunächst einmal durch Wehrufe ergänzt, die uns ebenfalls der Evangelist Lukas überliefert: „Weh euch, ihr Reichen; ihr habt euren Lohn schon bekommen. Weh euch, die ihr jetzt satt seid; ihr werdet hungern. Weh euch, die ihr jetzt lacht und tanzt; ihr werdet trauern."

Das ist zwar die ebenso direkt zustoßende Sprache, wie sie aus dem Munde Jesu kommt. Doch entspricht sie keinesfalls seinem Geist und schon gar nicht dem Ton, den er in der ersten Stunde seines Wirkens anschlägt.

Damit verglichen wirken die Seligpreisungen im Originalton Jesu wie Fanfarenstöße, mit denen er nicht nur die Bergpredigt, sondern seine Verkündigung insgesamt eröffnet. Denn die Bergpredigt entfaltet nur einen – hauptsächlich ethischen – Teilaspekt seines Hauptanliegens. Und das besteht in der Heraufführung des Gottesreichs, in welchem Jesus wie in einer sozialen Selbstdarstellung sein Innerstes nach außen kehrt. Denn er ist einem Wort des wohl größten Theologen der alten Kirche Origenes zufolge das „Gottesreich in Person". Mit einem Bild der Geheimen Offenbarung, der Apokalypse, könnte man das aber noch ungleich schöner sagen. Dort ist die Rede von der endzeitlichen Gottesstadt, deren Tore aus Perlen gebildet sind. Demgemäß könnte man nun die Seligpreisungen mit acht Perlen vergleichen, aus denen das Tor zur Bergpredigt und damit zur Reich-Gottes-Verkündigung Jesu gebildet ist.

Schauen wir uns nun doch die einzelnen Perlen genauer an! Was ist wohl mit dem so oft mißdeuteten „Armen im Geist" gemeint, denen das Gottesreich – Matthäus spricht mit Rücksicht auf seine judenchristlichen Leser, die die Nennung des Gottesnamens tunlichst vermieden vom „Himmelreich" – zugesichert ist?

Wenn wir die Seligpreisungen im weiteren Kontext auf uns wirken lassen, wo zunächst die Trauernden, dann die Sanftmütigen und schließlich die nach Gerechtigkeit Hungernden selig gepriesen werden, begreifen wir, worauf es Jesus dabei ankommt: daß wir nicht mit vorgefaßten Meinungen, also nicht im Ornat eines festgelegten Weltbilds, sondern mit offenem, bereitem und demütigem Herzen auf ihn zugehen, um uns von ihm belehren und bestimmen zu lassen.

Dabei ist auch der soziale Hintergrund dieser Seligpreisung zu berücksichtigen. Denn Jesus muß schon bald die Erfahrung machen, daß es weder die theologisch Geschulten noch die gesellschaftlich Etablierten, sondern die Ungebildeten, die vom Schicksal Geschlagenen und ins soziale Abseits Gedrängten sind, die sich seiner Botschaft zuwenden. Dazu gehören zweifellos auch die in wirtschaftlicher Hinsicht Armen, die nichts zu verlieren haben und nur ihre Enttäuschung durch das Leben mitbringen, jetzt aber von ihm und seiner Lehre wie von einem Magneten angezogen werden.

Von den Armen geht der Blick Jesu weiter zu den Trauernden. Wir begreifen: Wiederum sind nicht die gemeint, die durch irgendein schweres Schicksal in Leid und Trauer versetzt sind, sondern die von der Trauer der Welt Angefochtenen, die sich über den Zustand der Welt Gedanken machen, und diesen Zustand als zutiefst unerlöst, unvollkommen und unmenschlich empfinden. Wann hätte die Menschheit keinen Anlaß gehabt, bis hinein in unsere Tage, die Welt als chaotisch, als unmenschlich und barbarisch zu erfahren? Sodann der Schmerz darüber, daß sich angesichts der menschenverachtenden Zustände keine Initiative entwickelt, die diesem Unrecht ein Ende setzt. Der einzelne Mensch wird darauf nur mit Resignation und Trauer reagieren können, da ihm als Einzelnem keine Möglichkeit offensteht, in die von Selbstsucht und Machtstreben bestimmten Verhältnisse einzugreifen. Doch gerade ihm wendet sich Jesus mit seiner Zusicherung zu.

Von den Trauernden geht der Blick Jesu hin zu den Sanftmütigen, also zu jenen, die, zurückgeschreckt von der allenthalben geübten Gewalt, darauf verzichten, sich gewaltsam und rücksichtslos im Leben durchzusetzen. Zu jenen also, die gelernt haben, sich zurückzuhalten und einzulenken, gerade auch gegenüber dem aggressiven Gegner, weil sie sich von Gegengewalt keine Lösung der Probleme versprechen, wohl aber von kalkulierter Nachgiebigkeit, die den Aggressor zur Besinnung veranlaßt. Ihnen ist der Besitz des „Landes" zugesichert.

An dieser Stelle muß man sich darüber klar werden, daß die Zusätze „sie werden getröstet werden; sie werden das Land erben; sie werden satt werden; sie werden Erbarmen finden; sie werden Gott schauen; sie werden Söhne Gottes genannt werden; ihnen gehört das Gottesreich" im Grund immer nur dies Letztere besagen. Wenn die Nachsätze vom Trost, vom Erbe, von der Sättigung, von der Gottesschau, von der göttlichen Erbarmung und von der Gotteskindschaft sprechen, ist stets das eine gemeint, wofür es nach Jesu ausdrücklichem Bekunden keinen Begriff und keine Rahmenbedingungen gibt und von dem er dennoch die rettende Umgestaltung der frustrierenden Verhältnisse erwartet: das Gottesreich.

Das gilt selbstverständlich auch für die vom Hunger und Durst nach der Gerechtigkeit Getriebenen, also für diejenigen, die sich über das hinaussehen, was die menschlich entworfene und gesetzlich geregelte Gesellschaftsordnung an Vergünstigungen bietet und an Gegenleistungen fordert. Es sind die Utopisten, die von einer höheren, von Zwängen und Regressionen freien Mitmenschlichkeit träumen und sich nun von Jesus seliggepriesen und in ihrer Hoffnung bestätigt sehen. Die Sättigung, die sie erwartet, ist gleichfalls die des Gottesreichs, das Jesus oft genug mit jener Mahlgemeinschaft verglichen hat, in der er selbst der Gastgeber und die Speise ist.

Nachdem Jesus bis hierher mehr die Bereitschaft eingefordert hat, geht er jetzt zur Handlung über. Denn bei ihm sind Verheißung und Verantwortung immer aufs engste miteinander verspannt. Jetzt redet er von den Barmherzigen, denen er die Erbarmung Gottes verheißt. Das zielt unverkennbar auf die Hartherzigkeit der Menschen, in welcher Jesus ein Grundübel des Zusammenlebens erblickt und die er deshalb immer wieder ins Visier nimmt. Kaum braucht die Aktualität dieser Seligpreisung unterstrichen zu werden, die sich nur zu deutlich gegen den gegenwärtigen Schwund an Hilfsbreitschaft und Solidarität und damit gegen die soziale Unterkühlung in der modernen Gesellschaft richtet.

Im Hinblick darauf sollte man sich vergegenwärtigen, daß Freiheit, Solidarität und Toleranz, diese Grundpfeiler der demokratischen Gesellschaftsordnung, bei allem, was Humanismus und Aufklärung dazu beitrugen, letztlich doch Gaben des Evangeliums an die von ihm bestimmte Lebenswelt sind, und daß insbesondere die Barmherzigkeit erst durch das Christentum Einzug in die von Haß und Gewalt erfüllte Antike hielt. Wenn die soziale Unterkühlung ein Gradmesser für die zunehmende Entchristlichung der Gesellschaft ist, kann dieser nicht effektiver als dadurch gewehrt werden, daß sich alle vom Geist der Bergpredigt Berührten aus voller Kraft darum bemühen, wieder mehr Wärme in die zwischenmenschlichen Verhältnisse hineinzutragen. Und das könnte kaum besser als mit dem Versuch beginnen, das weithin zur leeren Floskel herabgesunkene Wort von der „Solidargemeinschaft" mit neuem Leben zu erfüllen und zum Prinzip einer allgemein akzeptierten Aufgabe zu erheben.

Nur scheinbar wendet sich Jesus mit der Seligpreisung der Herzensreinen wieder dem Bereich der Gesinnungen und der Innerlichkeit zu. Denn für ihn hat alles, was das menschliche Zusammenleben untergräbt und verstört, seinen Ursprung im Menschenherzen. Ebenso weiß er aber auch um die Dignität des Herzensreinen, der wie von einem Licht durchdrungen ist, das ihn ganz mit seinem Glanz erfüllt. Von diesem Licht aber gilt, daß es auf den Leuchter gestellt werden muß, damit es von allen Besuchern gesehen werde. Wo der herzensreine Mensch auftritt, wird es somit nach der Überzeugung Jesu heller; das Licht aber ist der Vorbote der Wärme, die es gerade für die heutige Lebenswelt zurückzugewinnen gilt. Den Herzensreinen gilt dann umgekehrt die schönste der mit dem „Selig" verbundenen Verheißungen: „Sie werden Gott schauen". Obwohl bei ihnen in erster Linie an diejenigen gedacht ist, die ohne Vorbehalt und Argwohn dem Mitmenschen begegnen, ist doch gerade ihnen ein Sinn für Gott zugesprochen, der sich wie eine Vorwegnahme seiner jenseitigen Schau ausnimmt. Indessen ist auch damit das Gottesreich gemeint, jetzt aber in seiner

Herkunft aus dem Liebeswillen dessen, der im Begriff steht, diese todverfallene Welt ihrer Finsternis zu entreißen und sie an sein väterliches Herz zu ziehen.

Den entscheidenden Beitrag zur Mitwirkung am Gottesreich fordert Jesus sodann mit der Seligpreisung der Friedensstifter, denen er das Glück der Gotteskindschaft verheißt. Wie der Ausdruck „friedfertig" erkennen läßt, ist mit der von ihm geforderten Friedenstat zunächst die Versöhnung des mit sich und seinem Dasein überworfenen Menschen mit sich selbst gemeint, also das, was Guardini die „Annahme seiner selbst" nannte. Denn nur der, der es über sich brachte, die Last des eigenen Daseins auf sich zu nehmen, wird sich dazu durchringen können, die Last des Andern in seinem oft befremdlichen und abstoßenden Anderssein zu tragen. Doch gerade darum geht es bei dem, womit der Friede unter den so unterschiedlich gearteten und agierenden Menschen beginnt: bei der Toleranz. Sie besteht nicht in kompromißbereiter Indifferenz, sondern in einem Kraftakt, der die Last des Andern aufnimmt, ohne sich ihm schwächlich anzupassen, aber auch ohne tragisch an ihm zu zerbrechen. Damit beginnt dann jenes Friedenswerk, das die Mauern der Mißverständnisse und Rivalitäten niederlegt und sich dabei auf den stützt, der die Friedenssehnsucht der Menschheit nicht nur dadurch erfüllt, daß er ihr den Frieden verkündete und brachte, sondern dadurch, daß er einem biblischen Schlüsselwort zufolge „unser Friede" ist.

Alles kommt darauf an, daß der Anschluß an ihn und seine Vorgabe auch wirklich gelingt. Dazu muß der von Ängsten und Aggressionen umgetriebene Mensch aber zuerst über sich hinauswachsen und jenen Standort gewinnen, der ihn der irdischen Zwietracht entrückt und zum Quellgrund des göttlichen Friedens führt: den Standort der von Jesus verheißenen Gotteskindschaft. Denn erst dem zur Gotteskindschaft gelangten Menschen ist der Friede so natürlich wie der Sonne das Licht. Er muß sich zu Akten der Befriedung und Versöhnung nicht entschließen, weil er sich dazu von innen her bewogen und gedrängt sieht. Gleichzeitig weiß er sich aber durch das, was ihn bewegt, auch aufs wunderbarste beschenkt. Denn die Gotteskindschaft ist ebenso sein Motiv wie sein Lohn.

Von Kafka stammt die hintergründige Erzählung „Vor dem Gesetz", jene Geschichte von dem unglücklichen Mann vom Lande, der sein ganzes Leben vor dem Tor zum Gesetz und damit vor dem göttlichen Geheimnis zubringt, weil er, eingeschüchtert von der furchterregenden Gestalt des Türhüters, nicht einzutreten wagt und der schließlich in seiner Todesstunde, als sich das Tor vor ihm verschließt, erfahren muß, daß dieser Eingang nur für ihn bestimmt war. Dazu kann und darf es bei uns nicht kommen. Denn vor dem Portal zur Bergpredigt steht kein abweisender Türhüter; vielmehr erglänzt es im vielfarbigen Licht der es wie Perlen umfassenden Seligpreisungen. Mit ihrem Farbenreichtum laden sie uns ein, das uns zubestimmte Tor zu durchschreiten; denn mit ihm verweisen sie auf den, der zwar das Schwerste – bis hin zur Unterdrückung unserer Aggressionen und zur Feindesliebe – von uns fordert, der aber diese Bürde zugleich dadurch tragen hilft, daß er uns das denkbar Schönste gibt: sich selbst.

August Everding
wurde 1928 in Bottrop/Westfalen geboren. Studium der Theologie, Philosophie und Theaterwissenschaften in Bonn und München. 1963–1973 Intendant der Münchener Kammerspiele. 1973–1978 Intendant der Staatsoper Hamburg. 1978–1989 Generalintendant der Bayerischen Staatstheater. Staatsintendant des Prinzregenten Theaters.
Präsident der von ihm gegründeten Theater-Akademie, Vorsitzender des Deutschen Kulturrates, Präsident der Internationalen Vereinigung der großen Opernhäuser der Welt. Professor in Hamburg und München. Operninszenierungen in San Francisco, New York, Chicago, London (Covent Garden), Buenos Aires, Bayreuth, Wien und Berlin.
Verheiratet mit der Ärztin Gustava Everding, vier Söhne.

Eugen Biser
Jahrgang 1918, durch den Krieg unterbrochenes Theologiestudium, langjährige Tätigkeit als Religionslehrer. 1956 theologische, 1961 philosophische Promotion, 1965 Habilitation. 1965–1973 Professor für Fundamentaltheologie in Passau, Marburg, Bochum und Würzburg. 1974–1986 Inhaber des Lehrstuhls für Christliche Weltanschauungen und Religionsphilosophie in München. Seit 1987 Leiter des dortigen Seniorenstudiums und Dekan der Klasse VIII (Weltreligionen) der Europäischen Akademie Salzburg. 1997 Verleihung des Guardini-Preises. Zahlreiche Veröffentlichungen zur Glaubenstheorie und Religionsphilosophie, zuletzt „Einweisung ins Christentum" (Düsseldorf 1997).

Daniel Biskup
geboren 1962 in Bonn. Lehre bei der Post, Abitur auf dem zweiten Bildungsweg.
Studium der Geschichte und der Politischen Wissenschaften in Augsburg.
Fotografiert heute unter anderem für die Süddeutsche Zeitung, Die Zeit, TAZ, Freitag, Weltbild, X-MAG und andere Magazine. Mitglied der Hamburger Fotoagentur Signum.

Jürgen Haase
Herausgeber, Autor, Regisseur. Seit 1983 Geschäftsführer und Produzent der Provobis Gesellschaft für Film und Fernsehen in Berlin, Hamburg und Dresden. Seit 1996/97 Gastprofessor an der Hochschule für Film und Fernsehen Konrad Wolf in Babelsberg und Professor an der Nationalen Hochschule für Film und Kunst in Sofia.

Bernhard Wiedemann
Herausgeber, Diplompädagoge. Ab 1989 Redakteur und Leiter der Pressestelle Berliner Bischofskonferenz. Seit Dezember 1991 Redaktionsleiter Kirche MDR Fernsehen.